EDIÇÕES BESTBOLSO

Por que homens e mulheres traem?

Mirian Goldenberg nasceu em Santos, São Paulo. Desde 1978 mora no Rio de Janeiro. É antropóloga e professora do Departamento de Antropologia Cultural e do Programa de Pós-graduação em Sociologia e Antropologia do Instituto de Filosofia e Ciências Sociais da Universidade Federal do Rio de Janeiro. Escreveu *A Outra, Toda mulher é meio Leila Diniz, A arte de pesquisar, Os novos desejos, Nu & vestido, De perto ninguém é normal, Infiel: notas de uma antropóloga, O corpo como capital, Coroas: corpo, envelhecimento, casamento e infidelidade* e *Noites de insônia*. A autora tem orientado dezenas de pesquisas nas áreas de gênero, corpo, envelhecimento, sexualidade e novas conjugalidades na cultura brasileira.

Mirian Goldenberg

Por que homens e mulheres traem?

6ª edição

RIO DE JANEIRO – 2014

CIP-BRASIL. CATALOGAÇÃO NA FONTE
SINDICATO NACIONAL DOS EDITORES DE LIVROS, RJ

G566p
6ª ed.

Goldenberg, Mirian
  Por que homens e mulheres traem? / Mirian Goldenberg.
  – 6ª ed. – Rio de Janeiro: BestBolso, 2014.

  Inclui bibliografia
  ISBN 978-85-7799-214-0

  1. Relação homem-mulher. 2. Traição. 3. Amantes. I. Título.

10-0072

CDD: 306.7
CDU: 392.6

Por que homens e mulheres traem?, de autoria de Mirian Goldenberg.
Título número 167 das Edições BestBolso.
Sexta edição impressa em julho de 2014.
Texto revisado conforme o Acordo Ortográfico da Língua Portuguesa.

Copyright © 2006, 2009 by Mirian Goldenberg.

www.edicoesbestbolso.com.br

Site oficial da autora: www.miriangoldenberg.com.br

Texto "Infidelidade" © Luis Fernando Veríssimo.
Texto "Esposa & amante" © Manoel Carlos. Publicado no livro *A arte de reviver*, Ediouro, 2006.
Texto "Não me contem" © Danuza Leão.

Design de capa: Carolina Vaz

Todos os direitos reservados. Proibida a reprodução, no todo ou em parte, sem autorização prévia por escrito da editora, sejam quais forem os meios empregados.

Direitos exclusivos de publicação em língua portuguesa para o Brasil em formato bolso adquiridos pelas Edições BestBolso um selo da Editora Best Seller Ltda. Rua Argentina 171 – 20921-380 – Rio de Janeiro, RJ – Tel.: 2585-2000.

Impresso no Brasil

ISBN 978-85-7799-214-0

O que falta quando se é infiel?
O que se busca?
Do que se foge?
Por que homens e mulheres traem?

Apresentação

Thomas Leithäuser
Universidade de Bremen
Alemanha

Em seu novo livro, *Por que homens e mulheres traem?*, Mirian Goldenberg faz uma brilhante análise da cultura das relações amorosas entre brasileiros e brasileiras das camadas médias urbanas. O livro é uma contribuição extremamente original para a compreensão da questão da fidelidade e da infidelidade masculina e feminina. Todos os indivíduos são afetados por esse problema, não apenas em suas emoções, mas também em seus valores morais. As sutis descrições e interpretações da antropóloga levam o leitor a uma cuidadosa reflexão, fazendo com que ele compare os dados apresentados com sua própria experiência pessoal.

Por que homens e mulheres traem? pode ser lido como uma contribuição atual a *O segundo sexo*, o mais importante livro da escritora, filósofa e existencialista francesa Simone de Beauvoir. Não é por acaso que Mirian Goldenberg introduz e conclui seu livro com reflexões sobre a vida e a obra de Beauvoir. Mirian não apenas relaciona as suas pesquisas com o que a filósofa escreveu sobre as relações de gênero, mas reflete sobre a experiência afetiva dela com seu amor necessário, Jean-Paul Sartre e com seu amor contingente, o escritor norte-americano Nelson Algren. Ela mostra a filósofa como uma mulher sensível, apaixonada, submissa e frágil, totalmente imersa nas ambiguidades e ambivalências da fidelidade e da infidelidade.

Ambiguidades e ambivalências presentes na história de Mônica, o estudo de caso que costura todo o livro. A vida amorosa de Mônica, rica de namorados e de amantes, parece ter encontrado um equilíbrio quando ela se depara com uma experiência completamente nova e assustadora, que pode ser vista como uma tentativa, mesmo que inconsciente, de escapar das armadilhas das repetições da vida cotidiana. A questão – se a infidelidade pode abrir caminho para um novo sentido de vida – é deixada em aberto pela antropóloga. Em sua análise, Mirian permanece moralmente neutra, como a ciência exige. Compreender não significa julgar; julgar não significa compreender.

Com este livro, Mirian Goldenberg dá continuidade aos seus estudos dos últimos anos, muito bem documentados, com impressionante regularidade e inegável talento, em *A Outra*, *Toda mulher é meio Leila Diniz*, *A arte de pesquisar*, *Os novos desejos*, *Nu & vestido*, *De perto ninguém é normal*, *Infiel*, *O corpo como capital*, *Coroas* e *Noites de insônia*.

Em inúmeras palestras e entrevistas, no meio acadêmico e na mídia, Mirian Goldenberg tem estado consistentemente engajada na discussão sobre as desigualdades de gênero na cultura brasileira. Ela tem demonstrado, com a seriedade do seu trabalho, como o conhecimento antropológico pode se tornar efetivo no espaço público. Mirian fez da antropologia o seu estilo de vida, utilizando sua curiosidade aguçada sobre temas do nosso cotidiano, transformando a vida de pessoas comuns em histórias especiais para pensar sobre as diferenças de gênero, sexualidade, casamento, amor, intimidade e infidelidade. Temas que se tornam absolutamente fascinantes e charmosos em seu belo texto. Antropologia não é, para ela, somente uma ciência social. É uma forma de comunicação que ajuda a compreender a complexidade das emoções, dos pensamentos e das interações entre as pessoas. Nós podemos ler *Por que homens e mulheres traem?* como um documento deste tipo de antropologia comunicativa. Mirian Goldenberg é doutora nesta área.

Mirian Goldenberg é uma pessoa pública no Brasil. Se você está caminhando com ela nas ruas da cidade do Rio de Janeiro, frequentemente alguma mulher ou homem a cumprimenta e inicia uma conversa. Eles elogiam seu novo livro ou perguntam algo sobre uma entrevista que ela deu para a televisão ou para jornais e revistas nacionais. Eles e elas falam abertamente sobre suas vidas e seus problemas conjugais. Para um estrangeiro, como eu, esses encontros ao acaso são incomuns. Mas no Rio de Janeiro parece ser natural, e Mirian gosta dessas surpresas e conversas inesperadas. Ela responde a todos com atenção, seriedade e charme, e aproveita a oportunidade para fazer algumas perguntas para os desconhecidos que a abordam. Em um primeiro momento pode parecer que são conversas curtas e nada mais. Mas Mirian Goldenberg nasceu antropóloga. Ela é extremamente curiosa sobre o cotidiano das pessoas, especialmente sobre o relacionamento entre homens e mulheres. Cada encontro acidental se transforma em uma experiência de pesquisa e de reflexão para ela.

Todos os dias ela escreve algo em seus diários. Algumas vezes ela dedica horas e horas a escrever o seu diário de campo. Ele está repleto de observações, memórias e experiências que ela analisa e compara com outras aventuras antropológicas. Nos meses em que ela esteve na Alemanha, proferindo palestras e realizando sua pesquisa com mulheres, fui testemunha do seu estilo de fazer antropologia, registrando pequenos detalhes e transformando as suas observações do cotidiano em reflexões densas e interessantes.

Mirian Goldenberg inventa seu próprio estilo de fazer antropologia, com um olhar atento, criativo e delicado para as contradições entre os comportamentos efetivos e os discursos de seus pesquisados. Trabalhando com temas tão complexos, ela demonstra que é possível ser criteriosa sem ser arrogante ou enfadonha.

Mirian Goldenberg sabe como seduzir o leitor. É, a um só tempo, antropóloga e escritora.

1

Nos meus 20 anos, li todos os livros de Simone de Beauvoir: seus romances, suas memórias, seus ensaios. Seus livros, principalmente *O segundo sexo*, foram decisivos para que me tornasse a mulher que sou e uma estudiosa das relações de gênero.

O segundo sexo foi publicado na França em 1949 e se tornou uma bíblia das feministas de todo o mundo. Nesse livro, está a clássica frase "Não se nasce mulher, torna-se mulher". A filósofa fez uma defesa radical da liberdade feminina, afirmando que as mulheres deveriam escapar das prisões do casamento e da maternidade. Não são os indivíduos os responsáveis pelo malogro do casamento, dizia, é a própria instituição do casamento, desde a origem, pervertida. Declarar que um homem e uma mulher devem se completar de todas as maneiras durante toda a vida é "uma monstruosidade que engendra necessariamente hipocrisia, mentira, hostilidade, infelicidade".

Simone de Beauvoir apontou, como problemas do casamento, a dissimetria e a dupla moral sexual que permite ao homem "trazer para seu leito escravas, concubinas, amantes e prostitutas" enquanto a esposa "deve-lhe a virgindade e uma fidelidade rigorosa". No entanto, ela acreditava no amor. Acreditava que numerosos matizes são possíveis nas relações entre um homem e uma mulher: na camaradagem, no prazer, na confiança, na ternura, na cumplicidade, poderiam ser um para o outro a mais fecunda fonte de alegria, de riqueza, de força a que se propõe um ser humano.

Simone de Beauvoir e Jean-Paul Sartre constituíram um casal mítico do século XX ao fundar uma relação amorosa em torno das ideias de liberdade irrestrita e de transparência absoluta: contariam tudo o que lhes acontecesse, inclusive seus amores contingentes. O relacionamento deles, que se tornou um modelo desejado e imitado por muitos, não se encaixava em nenhum arranjo existente. Em suas memórias, ela escreveu sobre esse pacto lendário, que durou mais de cinquenta anos, de 1929 até a morte de Sartre, em 1980.

> Sartre não tinha a vocação da monogamia... "Entre nós", explicava-me utilizando o vocabulário que lhe era caro, "trata-se de um amor necessário: convém que conheçamos também amores contingentes". Éramos de uma mesma espécie e nossa compreensão duraria tanto quanto nós mesmos, mas ela não podia suprir as riquezas efêmeras dos encontros com seres diferentes; como consentiríamos deliberadamente em ignorar a gama dos espantos, das saudades, dos remorsos, dos prazeres que éramos também capazes de sentir?

Recentemente, ao ler *Cartas a Nelson Algren*, descobri uma Simone de Beauvoir que me era desconhecida: uma mulher que faria qualquer coisa para manter o amante, menos se separar de Sartre. Em 1947, aos 39 anos, Simone de Beauvoir conheceu Algren em uma viagem aos Estados Unidos. Após apenas uma semana juntos, ela voltou para a França e começou a escrever cartas de amor.

> Quando você voltar ao nosso pequeno lar, eu estarei lá, escondida sob a cama e em todos os lugares. Doravante, estarei sempre com você como uma esposa amorosa com seu marido bem-amado. Eu o amo, e não há mais nada a acrescentar... É amor, e meu coração sofre. Estou feliz por estar tão infeliz, porque sei que você também está, e como é doce compartilhar essa tristeza... Eu sou sua mulher para sempre... Meu amigo, meu amante bem-amado, meu marido

de uma semana e para sempre... Não, não o libertarei, enquanto puder evitá-lo, manterei impiedosamente a armadilha bem fechada, daqui por diante você me pertencerá como eu lhe pertenço... Não poderei dormir com ninguém até rever você. Não poderia suportar as mãos nem os lábios de um outro homem, porque são suas mãos e seus lábios que desejo ardentemente. Serei fiel como uma esposa exemplar e convencional... Minha felicidade está em suas mãos. Preciso aceitar esta dependência, quero aceitá-la, já que o amo. É por isso que o amor me dá medo, talvez ele me torne meio idiotizada. Sua Simone.

Em outra carta para Algren, para justificar sua relação com Sartre, Simone de Beauvoir fez uma distinção entre os sentimentos presentes em seu amor necessário – amizade verdadeira, fraternidade absoluta, compreensão, paz, equilíbrio – e os que estão presentes em seu amor contingente – amor, desejo sexual, falta, medo.

> Por você eu poderia renunciar a muito mais do que um maravilhoso rapaz, você sabe, eu poderia renunciar à maior parte das coisas. Em compensação, eu não seria a Simone que o agrada se tivesse que renunciar à minha vida com Sartre. Eu seria uma criatura sórdida, uma traidora, uma egoísta. Quero que você saiba uma coisa: qualquer que seja a sua decisão futura, não é por falta de amor que eu não posso permanecer e viver com você. E estou certa de que deixá-lo é mais difícil para mim do que para você, que você me faz falta de um modo mais doloroso do que eu lhe faço falta. Eu não poderia amá-lo mais, desejá-lo mais, você não poderia me faltar mais. Mas o que você precisa saber, por mais pretensioso que possa parecer de minha parte, é o quanto Sartre precisa de mim. Externamente ele é muito isolado, interiormente muito atormentado, muito perturbado, e eu sou sua única amiga verdadeira, a única que o compreende realmente, o ajuda realmente, trabalha com

ele, lhe traz paz e equilíbrio... Eu jamais poderia abandoná-lo. Deixá-lo por períodos mais ou menos longos, sim, mas ligar minha vida inteira a outra pessoa, não. Detesto ter de falar de novo sobre isso. Sei que me arrisco – me arrisco a perdê-lo – e sei o que perder você significa para mim. Você precisa entender.

Simone de Beauvoir revelou para Algren que sua ligação com Sartre excluía o sexo. Era fundamentalmente uma relação de "alma". Com Algren, era muito mais, era "coração, alma e corpo". Mencionou, ainda, a relação que teve anteriormente com "o jovem e belo Bost", que era apenas "corpo". Distinguiu três tipos de relação: a que é baseada na amizade, a que é limitada ao sexo e, por último, a que significa o amor verdadeiro e total, pois reúne amizade e sexo. Nesse sentido, para ela, a relação com Algren era a mais completa das três. No entanto, ela não aceitou se casar com ele nem se separar de Sartre, como escreveu em outra carta ao amante.

Muito rapidamente Sartre e eu nos ligamos um ao outro. Eu tinha 22 anos e ele 25, e eu lhe ofertava com entusiasmo minha vida e eu mesma. Foi o primeiro homem com quem me deitei; nenhum outro antes havia sequer me beijado. Há muito tempo nossas vidas se confundem, e eu já lhe disse até que ponto sou ligada a ele, por um amor que mais se aproxima talvez de uma fraternidade absoluta... Sexualmente, não foi um sucesso completo, essencialmente por causa dele, que não é apaixonado pela sexualidade. É um homem caloroso, vivaz em tudo, menos na cama. Logo tive a intuição disso, apesar de minha inexperiência e, pouco a pouco, nos pareceu inútil, e até indecente, continuarmos a dormir juntos. Deixamos de lado essa vida ao final de aproximadamente oito ou dez anos, pouco coroados de sucesso nesse campo. Foi então que surgiu o jovem e belo Bost, há dez anos. Muito mais jovem do que eu, havia sido aluno de Sartre, que gostava imensamente dele. Bost e eu tivemos um grande desejo de dormir juntos, e isso não criou nenhum problema. Excetuando Sartre e Bost, eu, por três vezes em minha vida, dormi com homens, amigos que eu já conhecia, que me atraíam bastante, embora não houvesse nenhuma possibilidade de estabelecer uma ligação verdadeira com eles. Quando voltei para vê-lo em Chicago, eu imaginava uma aventura deste tipo. Você me agradava, nós poderíamos compartilhar alguns dias agradáveis. Tudo isto, Nelson, é apenas um jeito de lhe dizer que em seus braços conheci um amor verdadeiro, total, o amor em que o coração, a alma e o corpo são uma coisa só! Não havia um belo rapaz no ano passado, não haverá este ano, e não haverá nunca mais, eu suponho.

Em *A cerimônia do adeus*, Simone de Beauvoir perguntou para Sartre: "Considerando que você me disse, de saída, quando nos conhecemos, que era polígamo, que não tinha intenção de limitar-se a uma única mulher, a um único caso, e isso ficou assentado – você, de fato, teve casos –, o que gostaria de saber é: ao longo desses casos, o que é que o atraía particularmente nas mulheres?"

Sartre respondeu:

Qualquer coisa... As relações sexuais com as mulheres eram obrigatórias porque as relações clássicas implicavam aquelas num dado momento. Mas eu não atribuía grande importância a isso. E, para ser exato, isso não me interessava tanto como as carícias. Em outras palavras, eu era mais um masturbador de mulheres do que um copulador... Para mim, a relação essencial e afetiva implicava que eu beijasse, que eu acariciasse, que meus lábios percorressem um corpo. Mas, o ato sexual – ele também existia e eu o realizava, até o realizava com frequência – era com uma certa indiferença.

A infidelidade se tornou um grande problema para os amantes. Em inúmeras cartas, Nelson Algren se questionou sobre a possibilidade de dormir ou não com outras mulheres. Simone de Beauvoir respondeu, a todas, dizendo que ele deveria, sim, dormir com outras mulheres, desde que não deixasse de amá-la. Para ela, a única fidelidade possível era aquela exercida com liberdade e não compulsoriamente. Ela seria fiel ao amante porque era livre para escolher dormir com o único homem que realmente desejava. Nas cartas, ela afirmava incessantemente que eles eram marido e mulher e que era "fiel como uma esposa exemplar e convencional".

> Eis-nos de novo diante do mesmo antigo dilema: que você durma com uma mulher, eu não me importo, mas é difícil agir assim se você não se sente livre... Ora, eu o privo da liberdade, ou de uma parte da liberdade, sem torná-lo feliz com a minha presença, o que é triste, mesmo que eu não tenha culpa. Em minha última carta eu lhe disse que para mim também às vezes é doloroso nunca dormir com um homem, ainda que para uma mulher isto pareça um pouco diferente, aparentemente mais fácil de suportar do que para um homem; por outro lado, não conheço nenhum homem em Paris com quem eu desejasse dormir. Mas posso entender perfeitamente o que você sente. Diga-me sempre a verdade, querido, sejamos também amigos, além de marido e mulher, permaneçamos amigos mesmo que um dia você se canse deste amor longínquo que não elimina a solidão.

Em outro momento de suas memórias, Simone de Beauvoir voltou à sua história com Algren "para encarar mais de perto um problema que, em *A força da idade,* considerei com demasiada facilidade resolvido: entre a fidelidade e a liberdade há conciliação possível? A que preço?"

> Muitas vezes pregada, pouco observada, a fidelidade integral é geralmente um peso para aqueles que a impõem a si

próprios como uma mutilação: consolam-se com sublimações, ou com o vinho. O casamento tradicional autorizava o homem a "algumas traições", sem reciprocidade; agora, muitas mulheres tomaram consciência de seus direitos, e das condições de sua felicidade: se nada em sua própria vida compensa a inconstância masculina, irão se ver roídas pelo ciúme e pelo tédio. Numerosos são os casais que fazem mais ou menos o mesmo pacto que Sartre e eu: manter através de afastamentos uma "certa fidelidade"... O empreendimento tem seus riscos: pode ser que um dos parceiros prefira suas novas ligações às antigas, julgando-se o outro, então, injustamente traído; em vez de duas pessoas livres, enfrentam-se uma vítima e um carrasco... Sartre e eu havíamos sido mais ambiciosos; tínhamos desejado conhecer "amores contingentes"; mas há uma questão da qual nos havíamos levianamente equivocado: como o terceiro se acomodaria ao nosso arranjo? Por vezes, ele se conformou sem dificuldade; nossa união deixava bastante espaço para amizades ou camaradagens amorosas, para romances fugazes. Mas se o protagonista desejava mais, estouravam conflitos.

Simone de Beauvoir construiu, simultaneamente, em suas memórias, em suas cartas ao amante, em seus romances e ensaios, diferentes versões sobre o relacionamento com seu amor necessário, Jean-Paul Sartre, e com seus amores contingentes. Nesses diferentes livros, descobri uma mulher contraditória, uma defensora da liberdade da mulher, e outra totalmente submissa ao seu amor necessário e aos contingentes; uma feminista radical e uma típica mulherzinha dependente de seus homens. O impacto foi tão grande que voltei a ler todos os livros de Simone de Beauvoir, os mesmos que li aos 20 anos, para compreender melhor a obra de uma mulher que influenciou decisivamente minha vida e meu interesse pelos estudos de gênero. Será que o amor e o problema da fidelidade são capazes de tornar até mesmo uma mulher como Simone de Beauvoir "meio idiotizada"?

Esse reencontro com Simone de Beauvoir me fez refletir sobre um tema que vem me intrigando em minhas pesquisas: a distância entre discursos e comportamentos, ou melhor, como um mesmo comportamento pode gerar diferentes e até contraditórios discursos. Neste livro irei mostrar múltiplos discursos sobre o mesmo comportamento: a infidelidade. São inúmeras vozes, de diferentes posições, que refletem sobre a infidelidade masculina e a feminina: a minha própria voz de pesquisadora, a voz de Mônica, a voz de homens fiéis, a voz de homens infiéis, a voz das Outras, a voz da mídia, a voz de outros pesquisadores. Um coro polifônico de vozes hegemônicas, subalternas, marginalizadas, alternativas, conformistas, progressistas, transgressoras, desviantes, polêmicas, contraditórias, silenciadas, silenciosas. Meu desejo é que estas notas antropológicas contribuam para a compreensão de um tema que, apesar de tão antigo, continua a inquietar "o coração, o corpo e a alma".

Em mais de vinte anos de pesquisas, tenho me perguntado sobre as diferenças de gênero na cultura brasileira. O tema da infidelidade se tornou central nos meus livros, artigos, palestras, aulas, entrevistas. Trabalhei com entrevistas em profundidade, com milhares de questionários, com a análise de matérias de jornais e revistas, filmes, romances, novelas e inúmeros livros sobre o tema. Analisei diferentes discursos e me pergunto, após tantos anos de pesquisas, por que a infidelidade continua sendo um dos principais, se não o principal, problemas em um casamento? Por que homens e mulheres traem?

De diferentes maneiras perguntei: quem é mais infiel, o homem ou a mulher? Quais os principais problemas em um casamento? Qual o modelo ideal de casal? O que fazem os homens e mulheres que descobrem que são traídos? O que é infidelidade?

Pela porcentagem dos que disseram ter traído seus parceiros, como se verá neste livro, pode-se pensar que é muito mais comum encontrar homens e mulheres infiéis do que fiéis. Pelo menos no universo em que pesquiso – o das camadas médias urbanas do Rio de Janeiro –, um comportamento tão frequente continua sendo percebido como um desvio, um problema gravíssimo e inaceitável, mesmo para aqueles que o praticam.

Numa época em que os casais não acreditam no amor eterno, é instigante pensar na idealização da fidelidade, que permanece fortíssima, inclusive nas relações extraconjugais. As Outras acreditam que seus amantes não têm relações sexuais com as esposas. Os homens casados acreditam que suas amantes lhes são fiéis sexualmente. Não só no casamento, mas também no adultério, a fidelidade é um valor. Encontrei raríssimos casais que defendiam o casamento aberto, em que o marido e a esposa poderiam ter relações extraconjugais, desde que contassem tudo um ao outro.

A fidelidade permanece um valor, apesar das enormes mudanças nas relações amorosas na atualidade. Homens e mulheres traem. Homens e mulheres são traídos. A relação entre discursos, comportamentos e valores se mostra extremamente complexa e paradoxal quando a questão é a (in)fidelidade.

2

Tinha sido uma semana intensa. Na quarta-feira, junto com o meu amigo Peter Fry, dei uma aula sobre a *História da sexualidade,* de Michel Foucault, para dezenas de alunos de ciências sociais, inteligentes e exigentes. Na quinta, passei a manhã tensa com a homenagem que iria receber, na parte da tarde, do Conselho Nacional da Mulher Brasileira, na Academia Brasileira de Letras. Na sexta de manhã, falei em um Congresso no Hotel Glória sobre o culto ao corpo na cultura brasileira para centenas de estudantes e médicos. Na noite de sexta, na festa de abertura da Bienal do Livro no Museu Histórico Nacional, a companhia de Celeste e Roberto DaMatta tornou a noite bastante agradável. Sábado, almoço com os autores da editora Record e, logo depois, palestra na Bienal do Livro do Rio de Janeiro.

O público que lotou o espaço do Riocentro riu e aplaudiu muito tudo o que falamos, criticando a obsessão feminina com o medo de envelhecer e de engordar. Foi um excelente debate com o escritor gaúcho Moacyr Scliar e com a psicanalista Betty Milan. Após o divertido bate-papo, muitas mulheres vieram falar comigo. Uma delas me passou um pedaço de papel.

> Meu nome é Mônica.
> Este é o meu telefone.
> Me liga.
> Você vai gostar de conhecer a minha história.

Tantas vezes escutei a mesma coisa, após palestras ou lançamentos dos meus livros, que não prestei muita atenção ao guardar o papel na bolsa. Tudo o que eu queria era chegar em casa e dormir. Estava completamente exausta.

O que mais invejo em um colega é a capacidade de dormir pelo menos seis horas antes de uma palestra. Aqueles que dormem oito horas são meus exemplos de saúde mental. E até hoje, há quase vinte anos como professora, ainda olho com admiração para aqueles que têm uma boa noite de sono antes de uma aula. O pior é que a insônia não é apenas antes da palestra ou da aula. Depois, a cabeça não para, pensando no que falei, no que não falei, no que não fui tão bem, no comentário de alguém. Se somar o antes e o depois, é fácil perceber que são raras as minhas noites de sono tranquilo.

Depois do debate na Bienal, continuei horas e horas com a mente excitada pelos acontecimentos da semana. Decidi responder aos e-mails, guardar as roupas, arrumar minha bolsa. E encontrei o pequeno papel com o nome e o telefone de Mônica.

3

Desde o meu primeiro livro, *Nicarágua, Nicaraguita: um povo em armas constrói a democracia*, dediquei algumas linhas à discussão sobre infidelidade. Fui à Nicarágua três vezes, na década de 1980, em plena revolução sandinista, e, para minha surpresa, a maior reclamação das mulheres era a infidelidade masculina. Elas não reclamaram da guerra, não reclamaram da miséria, não reclamaram da falta de apoio internacional: reclamaram das traições de seus maridos. Foi a primeira vez que entrei em contato com um tema que aflige as mulheres, não só as nicaraguenses, mas também as brasileiras.

Anos depois, durante meu doutoramento no Museu Nacional, realizei uma pesquisa para a qual entrevistei mulheres amantes de homens casados. Nessa mesma época, minha mãe faleceu. Foi nesse momento, de enorme sofrimento, que escrevi *A Outra*. O antropólogo Gilberto Velho, professor do curso para o qual escrevi o trabalho, gostou muito do texto, fez algumas sugestões e disse que eu deveria publicá-lo como livro. Procurei o mesmo editor de *Nicarágua, Nicaraguita* e poucos meses depois o livro foi lançado, com grande sucesso de divulgação e de vendas.

Em um momento de imensa dor por ter perdido a pessoa mais importante da minha vida, fui obrigada a me expor em inúmeros programas de televisão, dar entrevistas para jornais e revistas de todo o país, fazer palestras em diferentes cidades. A primeira pergunta, sempre, era: "Você é a Outra"? E, logo em seguida: "Você já foi a Outra"? Ou: "Seu marido teve uma Outra?". Todos associavam meu interesse pelo tema com alguma situação (extra)conjugal da minha vida, presente ou passada. Para não me sentir tão vulnerável à estigmatização, passei a exibir uma grossa aliança de ouro na mão esquerda como prova de que minha motivação era puramente acadêmica.

Apesar do estigma desse objeto de estudo, dentro e fora do mundo acadêmico, continuei a escrever sobre infidelidade durante todos esses anos. Reuni centenas de matérias de revistas, de jornais e da internet, comprei inúmeros livros sobre o tema, fiz entrevistas em profundidade e grupos de discussão, apliquei milhares de questionários, li muito em diferentes áreas de conhecimento. Além disso, sou muito solicitada para falar, em diferentes eventos científicos e não científicos, sobre infidelidade, casamento, sexualidade, gênero e, mais recentemente, sobre o culto a determinado modelo de corpo e sobre o significado do envelhecimento no Brasil.

Meu pai, que faleceu em 1996, dizia com orgulho: "Minha filha tem uma sensibilidade especial para compreender a alma humana, especialmente para fazer homens e mulheres falarem abertamente sobre suas traições."

Tenho buscado, em mais de duas décadas de pesquisas, analisar como homens e mulheres são diferentemente construídos na cultura brasileira e verificar como ajudamos a reforçar ou destruir os estereótipos de gênero. Este livro revela, de diferentes maneiras, uma obsessão que me acompanha nos últimos anos: por que, apesar das visíveis mudanças do comportamento sexual e conjugal, a infidelidade continua sendo um problema? Por que homens e mulheres traem?

4

Após uma semana de tensão, ansiedade e insônia, tenho o domingo inteiro para descansar. Para fazer o que mais gosto de fazer aos domingos: ler todos os jornais e revistas, caminhar na praia, encontrar minhas amigas.

Durante a caminhada, lembro de Mônica. Ela parece ser uma mulher absolutamente normal: nem velha, nem jovem, nem magra, nem gorda, nem alta, nem baixa, nem bonita, nem feia. Fiquei curiosa. O que ela quer me dizer? Por que me deu seu telefone? Pensei em ligar para ela. Afinal, o que eu teria a perder?

Incontáveis vezes, após uma palestra, uma aula ou um lançamento de livro, mulheres vieram até mim e disseram: eu sou a Outra, se você quiser me entrevistar eu vou adorar. Recebi inúmeras cartas e e-mails de homens e mulheres contando suas histórias. Todos acham suas histórias extremamente singulares e importantes para se tornarem objeto de estudo.

Em um curso de pós-graduação que ministrei, uma das alunas disse que eu deveria escrever algo sobre ela, seu marido e seu grupo de amigos. Todos eram adeptos da troca de casais ou *swing*. Uma orientanda de mestrado acabou escrevendo uma bela dissertação sobre o tema.

Quando dei uma entrevista sobre infidelidade para um programa de televisão, a produtora me contou a história de sua irmã, que acabei entrevistando, assim como toda a sua família, para um trabalho que publiquei com o título "A Outra em família".

No lançamento do livro *A Outra*, um rapaz me contou que era amante de um homem casado, um pai exemplar de quatro filhos. Ele me disse que vários amigos seus, também jovens, são amantes de homens casados e com filhos, bem mais velhos do que eles.

Uma situação curiosa ocorreu em outro lançamento, quando um homem me disse que estava apaixonado por uma mulher casada e que eu deveria escrever sobre o Outro. Expliquei que, nesse caso, o estigma recai sobre o marido traído, o corno, e não sobre ele, que seria o famoso Ricardão, bastante valorizado em nossa cultura. Nem se usa a ideia de o Outro para falar do amante de uma mulher casada. Brinquei dizendo que essa mulher casada, de mais de 40 anos, com um amante apaixonado, era uma sortuda em um país com tamanha escassez de homens disponíveis. Disse que meu interesse era por mulheres que estão em uma situação de escassez de homens, não de excesso. Que se para cada homem de 50 anos, como ele, existem mais de 50 mulheres disponíveis, de diferentes idades, ela, com dois homens, estaria fazendo com que mais de 100 mulheres ficassem sem nenhum. Ele, muito sério, respondeu que o amor não é lógico ou matemático e que não se escolhe racionalmente a amada entre as mulheres que estão disponíveis no mercado.

Após um debate sobre envelhecimento, cinco mulheres de mais de 60 anos, bastante animadas, disseram que queriam participar do meu grupo Coroas. Uma delas reclamou que está difícil encontrar um namorado, mas que tem uns casos de vez em quando, principalmente com homens casados muito mais jovens do que ela. Duas mulheres disseram que transavam com homens de 40 anos, casados com mulheres mais jovens do que eles. Todas afirmaram que seus amantes não tinham qualquer interesse financeiro nelas, já que eram homens bem-sucedidos profissionalmente. Não consigo compreender a lógica da infidelidade masculina, especialmente no caso de homens jovens, casados com mulheres mais jovens ainda, que têm amantes com a idade de suas mães. Só se eu acreditasse que, na verdade, eles (inconscientemente) procuram exatamente isso: a mãe compreensiva que aceita tudo e ama incondicionalmente. Olhando para aquelas simpáticas matronas, não consegui escapar da pergunta mais do que óbvia: será que Freud realmente explica?

Agora Mônica quer contar a sua história. Meu interesse em conversar com ela é estranho, já que não sei absolutamente nada sobre ela e sobre o que quer falar. Por que Mônica? Por que agora? Talvez porque Mônica possa ser um exemplo que ajude a compreender melhor os conflitos característicos de uma mulher da minha geração. Ou pode ser apenas uma mera curiosidade.

5

Quando comecei a escrever sobre a Outra, encontrei uma entrevista da demógrafa Elza Berquó que se tornou fundamental para a minha pesquisa sobre infidelidade masculina. Analisando os dados do censo, Berquó constatou o aumento de separações legais, de uniões consensuais, do número de mães solteiras e de celibatários. O que mais me despertou atenção foi o que ela chamou de determinismo social, uma situação que dá ao homem brasileiro mais chances de encontrar novas companheiras até a idade madura, já que é crescente o contingente de mulheres sozinhas. A maior mortalidade dos homens gera um superávit de mulheres.

A demógrafa mostrou que a população brasileira está envelhecendo e que a composição da faixa mais idosa é majoritariamente de mulheres.

Um gráfico, que ela chamou de pirâmide dos não casados, mostra que, à medida que se avança em idade, o número de homens não casados mantém-se praticamente constante – 12,5% em média, entre os 35 e os 59 anos –, enquanto para as mulheres, nessa faixa, o número das não casadas cresce muito, indo dos 20% até os 37%. Na faixa dos 60 aos 64 anos, 47% das mulheres estão sós, o que ocorre com apenas 16% dos homens. Entre os 65 aos 69 anos, enquanto 19% dos homens vivem desacompanhados, 57% das mulheres estão nessa condição. Esse fenômeno chamou a atenção de Berquó: nossa pirâmide social está se transformando em uma pirâmide da solidão, principalmente para as mulheres.

Pela primeira vez percebi que a frase tão exaustivamente repetida pelas brasileiras – "falta homem no mercado" – é uma realidade demográfica bastante cruel, sobretudo para as mulheres mais velhas. Nesse sentido, ser amante de um homem casado poderia ser uma das soluções para as mulheres que sobram no mercado de casamento, e não um fracasso individual ou uma predisposição psicológica, como afirmam muitos. Olhando os dados apresentados por Berquó, percebe-se claramente que as opções das mulheres brasileiras no mercado matrimonial são muito piores do que as dos homens, que aumentam suas chances quando ficam mais velhos.

6

— Alô, eu gostaria de falar com a Mônica.
– É ela.
– Mônica, é Mirian Goldenberg.
– Oi, Mirian. Que bom que você ligou.
– Na confusão da Bienal não entendi muito bem o que você queria falar comigo.
– Bom, eu li todos os seus livros e gosto muito do que você escreve. Não só dos temas polêmicos que você escolhe, mas, principalmente, da maneira como você trabalha com eles. Acho você muito sensível para lidar com assuntos tão delicados.
– Obrigada, é bom ouvir isso.
– Eu gostaria de te dar um depoimento sobre infidelidade, se você tiver interesse.
– Tenho sim. Vamos marcar uma conversa.
– Ótimo.
– Você pode na próxima quinta, no final da tarde?
– Posso sim. Onde é melhor para você?
– O que você acha de um café, no final do Leblon, na esquina da Ataulfo de Paiva com Rita Ludolf?
– Acho ótimo, a que horas?
– Às cinco. Pode ser?
– Está marcado.
– Vejo você na quinta, às cinco.
– Está ótimo para mim. Até quinta.
– Tchau, até quinta.
– Tchau, até.

7

Elza Berquó mostrou que, em 1994, os homens se casavam, em média, aos 27,6 anos. Com relação às mulheres, a idade do casamento civil variou de 23,7 a 24,1 anos, entre 1974 e 1994. Manteve-se o traço cultural de ser o homem mais velho do que a mulher no ato do casamento legal, e a diferença de idade entre eles permaneceu praticamente constante, em torno de 3,6 anos. Para a demógrafa, o fato de os homens casarem com mulheres mais jovens é uma constante praticamente universal e deve-se às relações de poder entre os sexos. Embora em alguns contextos as relações de gênero venham se tornando menos assimétricas, não tiveram ainda impacto visível na diferença entre as idades de homens e mulheres ao se casarem.

Para Berquó, são raros os estudos sobre outras moedas de troca, além da juventude, oferecidas pelas mulheres e aceitas pelos homens no mercado matrimonial. A persistência dessa diferença de idade, no caso brasileiro, que conta com um superávit de mulheres em todas as faixas etárias a partir dos 15 anos, tem consequências diretas no celibato feminino e no expressivo segmento de mulheres separadas ou viúvas com poucas chances de recasamento.

A desvantagem da brasileira no mercado matrimonial é gritante. Na faixa dos 30 a 34 anos, segundo Berquó, há 11,3 mulheres não casadas para cada homem não casado. Na faixa dos 50 aos 54 anos, um homem não casado tem uma chance 30 vezes maior de encontrar uma parceira do que uma mulher na mesma faixa etária. A situação se torna cada vez mais assimétrica à medida que homens e mulheres avançam na idade.

As chances no mercado matrimonial diminuem para as mulheres e aumentam para os homens, com o envelhecimento.

Elza Berquó mostrou que a norma social segundo a qual o homem deve casar com uma mulher mais jovem contribui muito para a existência da pirâmide da solidão. Ela constatou que os homens de 25 a 30 anos têm ampla escolha, podendo se casar com as mulheres dessa faixa e com as mais jovens. Já as mulheres dessa faixa se casam com os homens da mesma idade ou com outros mais velhos. Por esse tipo de escolha, à medida que elas envelhecem, suas chances de casamento diminuem. Entre os 22 milhões de casais recenseados em 1980, apenas em 9% dos casos a mulher era mais velha do que o homem. Nos demais, ela tem a mesma idade do homem ou é mais nova. Com esse quadro, as mulheres têm até os 30 anos, no máximo, chances iguais às dos homens. A partir daí, ocorre um determinismo demográfico. O celibato feminino, definido com a chegada da mulher aos 50 anos sem ter casado, é muito mais significativo do que o masculino. Também os homens descasados têm mais chances de um novo casamento do que as mulheres nessa situação. Além disso, a tendência do homem separado é casar com uma mulher ainda mais jovem do que a ex-esposa.

A solidão, para algumas mulheres, está associada à vergonha, pois, no Brasil, uma mulher sem homem é sinal de fracasso. Para outras, estar só é estar desprotegida e insegura, sobretudo economicamente. Berquó mostrou que o contingente de brasileiras economicamente independentes é muito pequeno. No entanto, existem aquelas que dizem não sentir solidão e que acham ótima a vida sem um marido. Mas, como admitiu a demógrafa, essa é uma fração muito pequena das mulheres brasileiras que vivem sós. Aqui, a realização feminina está atrelada à presença de um marido. Basta dar uma olhada para o que acontece na Europa para ver que o número de mulheres que escolhem viver sozinhas é cada vez mais significativo e crescente.

Berquó levantou a hipótese de que pode estar havendo no Brasil uma poliginia disfarçada. O grande contingente de mulheres sem possibilidade de casamento daria margem a que elas se unissem a homens casados com outras mulheres. Esse déficit de homens poderia estar estimulando as uniões consensuais como um mecanismo que permitiria aos homens se moverem entre várias uniões instáveis, dividindo-se entre diversas mulheres ao longo dos anos.

8

Cheguei ao café alguns minutos antes do combinado. Hábito de paulista. Costumo esperar horas pelos cariocas. Não me incomodo, já que sempre tenho um bom livro para ler enquanto espero. Não pensei em usar o gravador no nosso primeiro encontro. Não preparei um roteiro de perguntas. Estava curiosa e bastante ansiosa com essa conversa imprevisível. Gosto muito desse primeiro momento da pesquisa, quando vou descobrir quem é a pessoa, sua história de vida, suas contradições, seus medos, seus desejos.

Pedi um café e uma água. Apenas duas outras mesas estavam ocupadas.

Do nada me veio a lembrança da primeira entrevista que fiz para a minha tese de doutorado. Cheguei meia hora antes do horário no local combinado: o apartamento da minha entrevistada. Era noite e fiquei caminhando na calçada até a hora marcada. Sem perceber, pisei em um cocô de cachorro. Fiz tudo o que era possível para limpar a sola do meu sapato, mas continuei sentindo um cheiro horrível. Fiquei aflita, pensando no constrangimento de entrar com esse cheiro no apartamento da entrevistada. Não tinha tempo de voltar para casa e trocar de sapato. Toquei a campainha e, muito envergonhada, pedi para usar o banheiro, onde lavei a sola. Depois, o gravador não funcionou. Tudo deu errado naquela primeira noite. Sorte que tive várias outras oportunidades de entrevistar essa pesquisada.

Estava sorrindo, lembrando dessa situação tragicômica, quando ouvi a voz de Mônica.

Desculpe, estou atrasada.

9

A demógrafa Elza Berquó arriscou uma hipótese que pode chocar alguns leitores. Ela afirmou que os arranjos afetivos entre pessoas do mesmo sexo vão se apresentar como uma alternativa para a mulher que envelhece sozinha. Para ela, o fato de muitas mulheres estarem vivendo a mesma etapa de vida favorece o lesbianismo como opção sexual. Em uma sociedade em que impera a cultura do corpo e da juventude, é muito pouco provável que um número expressivo de mulheres se relacione com alguém muito mais jovem, do sexo oposto. Não só porque esses jovens não se interessam por elas, mas porque as mulheres mais velhas se sentem inseguras e ameaçadas com as marcas do envelhecimento, principalmente ao competirem com mulheres mais jovens pelos mesmos homens. A ânsia de parecer jovem pode ter como uma de suas explicações o mercado conjugal, altamente competitivo.

De acordo com os dados demográficos, restam poucas opções para a mulher que envelhece: viver só; ser casada com um homem que deve ter uma amante (ou mais de uma); ser a Outra; ou se tornar lésbica. Aqui, viver só, que é uma opção de vida bastante desejada pelas mulheres dos países europeus, se torna um verdadeiro fracasso feminino, talvez o pior deles.

Essa realidade me fez enxergar a infidelidade masculina com outros olhos. Longe de ser um problema individual, os dados demonstram que existe uma pressão demográfica para que os escassos homens disponíveis se dividam entre a quantidade excessiva de mulheres que buscam um marido.

10

Nos primeiros minutos não consegui me concentrar no que Mônica dizia, encantada com a sua voz firme, sua postura segura, seu olhar forte e penetrante. Sempre me surpreendo quando encontro maturidade em uma mulher. Grande parte das brasileiras recusa-se a envelhecer e acredita que, adotando uma postura infantil, serão jovens para sempre. As roupas curtas e coladas, os cabelos longos e alisados, as cirurgias plásticas, os acessórios cor-de-rosa e, especialmente, a voz e o comportamento revelam uma geração de mulheres que já passou dos 40 e age como se tivesse 20 anos. Mulheres que gostam de ser vistas como meninas frágeis e delicadas, que mendigam pela proteção masculina e que se recusam a amadurecer. Observo essas mulheres sem ter muito interesse em pesquisá-las. Prefiro conhecer a história de vida de mulheres como Mônica.

Mônica fala, veste-se e tem um comportamento de uma mulher madura. Não quer parecer mais jovem do que é. Seu olhar, sua voz, sua segurança e, principalmente, sua maturidade a tornam, pelo menos para mim, uma mulher especial. Ela começa a contar sua história sem que eu tenha de perguntar nada.

Sou jornalista. Estava cobrindo a Bienal do Livro e adorei a sua palestra. Você fala de coisas muito sérias de um jeito simples e engraçado. Gosto muito disso, de gente que tem conteúdo, mas que tem humor, coisa rara no mundo acadêmico. Eu já li os seus livros e gosto da forma como você escreve. Não sei se é preconceito, mas não consigo ler a maior parte dos livros dos cientistas sociais brasileiros. Uns são muito mal escritos, outros são tão pedantes que me sinto uma idiota tentando ler em grego. Fiz até uma resenha do seu livro sobre a Leila Diniz. Eu não sabia nada da vida familiar dela antes de ler o livro. O que me fez ter coragem de te abordar na Bienal foi o *De perto ninguém é normal*. Fiquei com vontade de conversar com você, talvez para me sentir mais normal ou menos desviante, como você diz no livro.

A vida inteira me senti muito diferente de todo mundo, um peixe fora d'água. Seus livros me mostraram que todo mundo se sente fora de lugar. Vai ver que ser desviante é que é ser normal, não é? Bom, mas não te procurei para você me encaixar em algum rótulo ou me classificar como normal ou desviante. Você está com tempo? Vou começar pela minha história familiar.

Nasci em uma cidade do interior do Rio de Janeiro. Meu pai é um empresário muito rico. Minha mãe ficou grávida de mim no início do namoro. Meu pai queria que ela abortasse, mas ela disse que iria ter o filho de qualquer jeito. Ele nunca a perdoou. Minha mãe era professora primária, mas largou o emprego quando ficou grávida. Ela tinha 24 anos e estava desesperada para casar. Para ela, ser mãe solteira nesta idade era um enorme fracasso feminino.

Minha única imagem do meu pai é a de um homem extremamente violento e desagradável. Muitas vezes, no café da manhã ele já tomava algumas doses de uísque. No almoço, no jantar, na hora de dormir, o tempo todo, era uma violência indescritível. Eu morria de medo dele e tentava proteger minha mãe daquela violência. Mas eu era só uma menina e hoje sei que eu é que precisava ser protegida. Sempre penso em como eu, uma menina tão magrinha e delicada, consegui sobreviver naquela família tão violenta.

Meu irmão, um ano mais novo do que eu, se tornou igualzinho ao meu pai. Batia em mim por qualquer coisa e com qualquer coisa. Eu no meio de tudo aquilo apavorada, sem saber o que fazer para sobreviver. Vivia me escondendo para não apanhar, não ouvir as brigas e gritarias, não ver minha mãe chorando. Não conheci, até hoje, mulher tão infeliz quanto ela.

Desde cedo percebi que era muito melhor ser amante do que ser esposa. Conheci muitas amantes do meu pai, suas secretárias ou empregadas, que frequentavam minha casa, me levavam para passear e para fazer compras. Jovens, bonitas e muito mais felizes do que minha mãe. Lembro que, bem pequena, falei para minha mãe que tínhamos que fugir para ter uma vida feliz longe daqueles monstros. Eu suplicava para ela fazer algo para escapar daquele inferno, mas ela não reagia.

Quando eu tinha 13 anos, minha mãe morreu. Levei um bom tempo para entender que ela tinha se suicidado. Não aguentou tanto sofrimento. Naquela época não era fácil uma mulher se separar. Nunca vi minha mãe rindo, cantando, brincando. Estava sempre trabalhando, cozinhando, arrumando a casa, fazendo compras. Ou deprimida, sem conseguir sair da cama. Nunca vi minha mãe lendo um livro ou escutando música. Só chorando. Imagino minha mãe desesperada, olhando para os filhos como se já estivesse se despedindo. Como será que ela conseguiu abandonar uma filha que a amava mais do que tudo no mundo?

Depois de sua morte, vim para o Rio de Janeiro, morar com uma irmã dela. Foi quando comecei a enxergar a possibilidade de ter uma vida um pouco melhor do que a da minha mãe. O suicídio dela me libertou daquele inferno. Nunca mais vi meu pai e meu irmão. Junto com minha mãe, eles morreram dentro de mim. Muito cedo, descobri que poderia reinventar minha história e construir uma vida diferente. E esta foi a minha escolha: nascer de novo, sem mãe, sem pai, sem irmão, sem família, completamente sozinha no Rio de Janeiro.

11

Olhando para a situação conjugal da população de mais de 65 anos em 1991, Beltrão e Camarano descobriram que 75% dos homens estavam casados, enquanto mais de 50% das mulheres estavam viúvas. Para as autoras, isso se deve à maior longevidade das mulheres e ao fato de os homens se casarem com mulheres mais novas.

O recasamento de viúvos idosos é maior do que o de viúvas. Também há uma predominância de descasados na população feminina sobre a masculina. É evidente que as consequências de um padrão cultural de diferença de idades segundo o qual a mulher deve ser mais jovem do que seu marido são agravadas com o aumento da idade, em razão da maior mortalidade masculina.

Oliveira foi ainda mais incisiva quando analisou a distribuição dos sexos nas diferentes faixas etárias. Ela mostrou que o aumento das uniões consensuais no Brasil seria devido à alta compressão no mercado matrimonial, provocada pela escassez de homens. Por serem poucos, os homens tenderiam a reciclar suas mulheres, utilizando alternativas presentes no repertório cultural brasileiro. A instabilidade conjugal dos homens permitiria a multiplicação de oportunidades de as mulheres encontrarem parceiros masculinos apesar de sua escassez. Separações e divórcios tenderiam a ocorrer com frequência como uma acomodação a uma razão de sexos desequilibrada.

Pode-se constatar que a existência de um real desequilíbrio demográfico entre os sexos e as formas culturalmente sancionadas de acomodação a esse desequilíbrio requerem das brasileiras o desenvolvimento da capacidade de enfrentar a vida sem um companheiro. Essa realidade pode explicar a existência do padrão de dupla moral que prevalece no Brasil e o comportamento infiel dos homens.

De acordo com essa lógica, nem os homens são volúveis, nem as mulheres rejeitadas: ambos são frutos de um determinismo demográfico. O padrão de idade de homens e mulheres teoricamente disponíveis, no mercado matrimonial, reflete as chances relativas de casamento e de recasamento de cada um dos sexos. Esses seriam os ingredientes de uma possível incapacidade feminina de conservar seus parceiros diante da competição de mulheres mais jovens, mais valorizadas pelos homens.

A partir desse desequilíbrio demográfico, Oliveira propõe uma reflexão: seriam as relações de subordinação feminina vigentes no Brasil responsáveis pelo fato de os homens tenderem a passar por várias uniões ao longo da vida, reciclando as idades de suas parceiras, estimulados pela disponibilidade de mulheres jovens?

12

> *Liberou geral*
> Ancelmo Gois
> *O Globo* (7/10/2004

Mirian Goldenberg, a antropóloga, sacudiu a plateia feminina, terça, no Seminário de Tendências, no Senac-Rio. Disse que, para cada homem de 50 anos, há 53 mulheres disponíveis na praça. Assim, disse, as senhorinhas deveriam ver a infidelidade "com outros olhos, como uma democracia". É. Pode ser.

13

Toca o telefone, às oito da manhã. Minha amiga com uma voz meio estranha.

– Você leu a coluna do Ancelmo Gois no *Globo*?
– Ainda não.
– Saiu uma nota em que você fala da infidelidade masculina. Vou ler para você.
– Ih, foi uma brincadeira que fiz depois de uma palestra, quando a plateia me fez algumas perguntas. Está meio fora de contexto. Era um seminário sobre moda e eu falei da cultura do corpo no Brasil. No debate, eu critiquei a obsessão das brasileiras com a juventude e a magreza e falei algo sobre o mercado matrimonial extremamente desfavorável para as mulheres, o que, talvez, explique esta obsessão. Disse que já que as mulheres reclamam tanto que falta homem, e falta mesmo, deveriam olhar para a infidelidade masculina como a possibilidade de um mesmo homem circular, democraticamente, entre várias mulheres. Assim, muitas mulheres não ficariam sozinhas. Foi uma ironia.
– Meu marido levou muito a sério o que você disse. Achou que, com os seus dados, você está dando o aval para a infidelidade masculina. Está sugerindo bons motivos para que os homens traiam suas esposas. E, como ele está exatamente na faixa dos 50, disse que poderia ser mais generoso com as mulheres que estão sem homem. Você sabe que fico muito insegura com isso.
– Mas não deu para perceber que era uma ironia?

– Não, ele pareceu bem satisfeito com o seu argumento. Ainda mais com o título "Liberou geral."

Minha amiga desligou o telefone bastante zangada. Fiquei mais tranquila, mais tarde, com os e-mails e telefonemas de amigas que riram muito com a notinha. Mas confesso que levei um susto com a bronca da minha amiga que sabe muito bem que, atrás de uma piada, sempre existe um fundo de verdade.

14

Mônica pediu mais um café. Pedi mais uma água. Se tomasse mais café, teria, com certeza, outra noite de insônia. Sei que seria difícil dormir depois de tantas horas ouvindo Mônica falar sobre sua família, o casamento dos pais, a violência e as traições do pai, a submissão e o sofrimento da mãe. Ao falar de sua vida, ela falava da vida de muitas brasileiras, daquelas que dependem completamente de um homem, para viver ou para morrer, e de outras que decidem percorrer um caminho próprio, pagando o preço necessário para serem independentes.

Enquanto ela tomava o café, em silêncio, pensei em vários casos que conheço de casamentos destruídos pelo machismo. Homens que morreram por cirrose alcoólica, outros que tiveram enfarte por excesso de trabalho, alguns que perderam a vida em acidentes de carro. Mulheres que ficaram doentes após muito sofrimento, outras que se suicidaram. Machismo faz mal para a saúde. Machismo mata. Tentava me concentrar apenas no que ela dizia, mas tudo o que li e o que escrevi, as mulheres e os homens que entrevistei, as histórias de amigos e de familiares surgiam o tempo todo para mostrar que Mônica não estava só.

Anoiteceu e não percebi, de tão absorvida que estava com os meus pensamentos e com a história de Mônica. O café estava lotado e senti-me constrangida com os olhares insistentes das pessoas, em pé, esperando uma mesa. Esqueci os olhares e voltei a me concentrar em sua história.

Toda a minha vida senti raiva do meu irmão, por ele ter ficado igualzinho ao meu pai. Hoje, sinto pena dele. Muita pena por ele ter herdado tudo de ruim do meu pai: o alcoolismo, a violência, o apego ao dinheiro, as amantes. Ele se casou duas vezes, tem um filho do primeiro casamento que mal vê, e tem uma mulher completamente submissa e infeliz, como era minha mãe. A mulher dele aguenta tudo, inclusive suas amantes, pois não tem outra opção na vida. É inacreditável como tantas mulheres suportam caladas tanto desrespeito e violência, como se submetem a uma verdadeira miséria sexual e afetiva. A grande maioria dos casamentos que conheço é absolutamente infeliz. Por que essas mulheres não se separam? Elas são cúmplices desses homens, não são meras vítimas indefesas. Acho que me tornei tão independente por ter visto o que esse tipo de homem é capaz de fazer com a mulher e com os filhos. Por ter decidido que não teria uma vida como a da minha mãe.

Durante muito tempo senti culpa por não ter tirado minha mãe daquele inferno, até que percebi que eu era apenas uma menina, mais frágil ainda do que ela. Fiz análise durante muitos anos tentando resolver essa culpa. Eu me sentia totalmente responsável por ela. Ficava o tempo todo vigiando para que ela não apanhasse, não sofresse, não fosse humilhada.

A minha vigilância não adiantou nada para minha mãe, mas teve consequências na minha vida: nunca casei, não tive filhos, não acredito em família feliz ou saudável. Acho que toda família é um lugar de violência, dominação, poder, hipocrisia, mentira, traição. Tive muitos namorados, amantes, casos, mas sempre fui uma mulher sozinha. Nunca me entreguei completamente para um homem, nunca me senti segura com eles, nunca os deixei seguros. Não foi um comportamento totalmente deliberado, uma decisão consciente. Foi o resultado natural do que aprendi sobre família e casamento na minha infância.

15

Em muitas culturas ocorrem desequilíbrios demográficos com escassez de homens e excesso de mulheres. Em algumas, há exatamente o inverso: escassez de mulheres e excesso de homens.

Pierre Clastres conta que, desde o começo do século XVII, os primeiros missionários jesuítas tentaram em vão entrar em contato com os índios Guayaki. Eles recolheram numerosas informações sobre essa tribo e perceberam, muito surpresos, que, ao contrário do que passava entre os outros selvagens, existia um excesso de homens em relação ao número de mulheres. Eles não estavam enganados, pois quase quatrocentos anos depois foi possível observar o mesmo desequilíbrio: em um dos grupos meridionais existiam exatamente dois homens para cada mulher.

Clastres diz que não é necessário estudar as causas desse desequilíbrio, mas que é muito importante examinar suas consequências. Ao invés de diminuir artificialmente o número de esposos possíveis, não restava senão aumentar, para cada mulher, o número de maridos, isto é, instituir um sistema de casamento poliândrico. De fato, todo excedente de homens foi absorvido pelas mulheres sob a forma de maridos secundários, que ocupam, ao lado da esposa, um lugar quase tão invejável quanto o do marido principal. A sociedade guayaki soube se preservar de um perigo mortal adaptando a família a essa demografia desequilibrada. O que resulta disso, do ponto de vista dos homens?

Praticamente nenhum deles pode dizer "sua mulher" no singular, uma vez que não é o único marido e que a divide com um e às vezes com dois outros homens. Pode-se imaginar que, por ser a norma da cultura, os homens não são afetados por essa situação e não reagem diante dela. Mas os maridos guayaki, mesmo aceitando a única solução possível, não ficam conformados. Os lares poliândricos têm uma existência relativamente tranquila e os três termos do triângulo conjugal vivem em bom entendimento, segundo Clastres. O que não impede que os homens tenham em segredo, pois nunca falam sobre isso entre eles, sentimentos de irritação e de agressividade com relação ao outro marido da esposa.

16

Acho que a minha tia ficou com pena de mim. Logo após a morte da minha mãe, ela me disse: Mônica, se você quiser, você pode morar comigo, no Rio de Janeiro. Eu falo com o seu pai. Eu imediatamente respondi que sim.

Sempre considerei meu pai um monstro. Um animal violento, que destruiu a vida dos filhos e matou a única pessoa que realmente amei em toda a minha vida.

Mas gosto de pensar que o meu pai fez, pelo menos, uma coisa boa para mim. Ele não me impediu de sair daquele inferno e vir para o Rio de Janeiro. Sei que ele fez isso muito mais pensando nele. Para poder viver com mais liberdade e não ter que conviver com uma adolescente que o odiava e o culpava pela morte da mãe. Mas gosto de pensar que, de alguma forma, ele sabia que a minha única possibilidade de sobreviver seria longe dele e do meu irmão. Gosto de pensar que ele desejava, mesmo que inconscientemente, que a única filha tivesse uma vida mais feliz.

Três anos depois, quando quis morar sozinha, ele não dificultou as coisas. Com o que minha mãe me deixou de herança comprei um pequeno apartamento. Fiz a faculdade de jornalismo, apesar da minha paixão pela filosofia. Achei que teria mais chances no mercado de trabalho. Tive que me virar sozinha e decidir tudo sem nenhum tipo apoio, desde muito cedo.

Do ponto de vista profissional e financeiro, minha vida tem sido relativamente bem-sucedida. Já do ponto de vista psicológico e emocional, infelizmente não posso dizer o mesmo. Inúmeras vezes me sinto a mesma menininha magrinha, frágil, vulnerável, solitária e apavorada. Tenho muito medo de ser destruída por tudo e por todos. Tenho pesadelos terríveis, com cenas de perigo e de violência com meu pai e com meu irmão, com traficantes, ladrões, estupradores, sequestradores. Estou sempre tentando fugir de homens armados que me perseguem, ou me debatendo para não me afogar quando ondas imensas me arrastam para a morte. Tento gritar por socorro, mas a voz não sai; tento buscar ajuda, mas sou invisível para todos.

Muitas e muitas noites tenho terríveis ataques de pânico, achando que vou morrer sufocada, sem respirar; achando que estou ficando louca e que não vou mais conseguir trabalhar, viajar de avião ou sair de casa. Acho que vou morrer sozinha em casa, durante esses ataques de pânico, e que as pessoas só descobrirão meu corpo muito tempo depois. Ainda tenho muito medo de dormir sozinha ou, pior ainda, de não conseguir dormir a noite toda e ficar louca. Tenho que tomar calmantes para dormir, e, mesmo assim, muitas vezes não consigo.

17

Pierre Clastres conta o caso de uma mulher casada que teve um relacionamento com um jovem solteiro. Furioso, o marido bateu no rival e, depois, diante da insistência e chantagem da esposa, concordou em legalizar a situação, deixando o amante clandestino se tornar o marido secundário. Aliás, diz Clastres, ele não tinha escolha: se recusasse esse arranjo talvez a mulher o abandonasse, condenando-o ao celibato, pois não existia na tribo nenhuma outra mulher disponível. A pressão do grupo, cioso de eliminar todo fator de desordem, cedo ou tarde o teria obrigado a se conformar com o acordo, precisamente destinado a resolver esse tipo de problema. Ele se resignou a dividir sua mulher com outro, mesmo a contragosto. Na mesma época, morreu o esposo secundário de outra mulher. A relação do marido principal com o secundário sempre tinha sido boa e cordial, mas o sobrevivente não dissimulou sua satisfação: eu estou contente, agora sou o único marido de minha mulher.

Existe uma espécie de defasagem entre essa instituição matrimonial que protege a integridade do grupo e os indivíduos que ela envolve. Os homens aprovam a poliandria porque ela é necessária em virtude do déficit de mulheres, mas a suportam como uma obrigação muito desagradável. Mesmo aqueles que exercem sozinhos seus direitos conjugais correm o risco de ver, a qualquer momento, esse monopólio raro e frágil suprimido pela concorrência de um celibatário ou viúvo. Cada marido guayaki renuncia ao uso exclusivo de sua esposa em proveito de um solteiro a fim de que a tribo possa subsistir como unidade social.

Ao alienar a metade de seus direitos matrimoniais, os maridos tornam possível a vida em comum e a sobrevivência da sociedade. Mas isso não impede sentimentos latentes de frustração e descontentamento. Eles aceitam partilhar sua mulher com outro porque não há alternativa, mas com evidente mau humor. Isso significa que, entre os Guayaki, um homem só é um marido se aceitar sê-lo pela metade, e a superioridade do marido principal sobre o secundário em nada modifica o fato de que o primeiro deve respeitar os direitos do segundo.

18

Olhei ao redor e as mesas estavam vazias. Passava de meia-noite. Mônica continuava falando quando o garçom interrompeu.

– As senhoras querem mais alguma coisa ou posso fechar a conta?
– Pode fechar.
– Podemos continuar a conversa na próxima semana, aqui mesmo, no mesmo dia e horário. O que você acha?
– Acho ótimo.
– Você se incomoda se eu gravar a nossa próxima conversa?
– Lógico que não, sem problema.
– Então vou trazer o gravador.
– Claro. Ah, antes que eu esqueça, queria te pedir uma coisa. Não sei se você pretende usar a minha história em algum livro, artigo ou palestra. Mas caso você queira usar eu só queria te fazer um pedido. Não quero que você mude nada, nem meu nome, nem minha profissão, nada. Quero que você mantenha tudo o que eu disse e o que ainda vou dizer. Gosto muito do que você fez no livro sobre a Leila Diniz. Tudo muito delicado, mas sem censura. Foi esse livro que me provocou o desejo de ser "meio Leila Diniz" e não ter vergonha ou medo de falar sobre a minha própria vida.

19

Durante muitos anos atribuí a existência da Outra a uma espécie de razão prática. Os argumentos da demógrafa Elza Berquó sempre me pareceram suficientes para compreender por que tantas brasileiras aceitam o papel de amantes de homens casados. Estes argumentos me deram pistas para entender os motivos pelos quais algumas mulheres parecem ter mais chances no mercado matrimonial: juventude, beleza, poder, dinheiro são capitais importantes na disputa por um homem.

A análise demográfica postula que uma demanda excessiva de mulheres e uma oferta reduzida de homens explica, em grande parte, a infidelidade masculina. Quanto mais velhas, mais mulheres competem por poucos homens. Quanto mais velhos, mais os homens têm escolhas no mercado matrimonial. Para grande parte das mulheres mais velhas restariam como opções, além de ser amante de um homem casado, o casamento insatisfatório, a solidão, a relação com outra mulher ou buscar parceiros mais jovens e de classes sociais mais baixas.

A própria ideia de mercado reforça esta lógica utilitarista. Só que esta lógica não explica a existência de mulheres casadas, de mais de 40 anos, que têm amantes. Não explica o fato de muitas mulheres não aceitarem o papel de Outra ou de esposa traída. Não ajuda a compreender os casos em que os homens são fiéis. E, principalmente, não explica as motivações masculinas e femininas para a infidelidade ou para a fidelidade. É necessário, apesar de difícil, buscar outra lógica para se ter uma visão mais compreensiva da infidelidade: uma lógica simbólica. São inúmeras as questões que não podem ser respondidas pela mão invisível do mercado.

20

Passei a noite em claro escrevendo o meu diário de campo, tentando lembrar cada detalhe do meu primeiro encontro com Mônica. Nunca esquecerei o seu olhar triste e o seu silêncio expressivo, principalmente quando falou sobre o suicídio da mãe. Ela parece tão forte e tão frágil, tão confiante e tão insegura, tão jovem e tão velha, tão bela e tão comum. Sua história é, a um só tempo, tão especial e tão frequente, a história de inúmeras mulheres que buscam se libertar do machismo do pai, dos irmãos ou dos maridos. Mas, para ela, é a história mais infeliz de todas, é a única família violenta, com homens alcoólatras e mulheres destruídas. É a família a que ela pertence, apesar de seu afastamento precoce.

Lembrei, ao escrever o meu diário, de um amigo que sempre me diz que o sofrimento embeleza a mulher, a torna muito mais sedutora. O sofrimento amadurece e, para ele, não existe nada mais belo do que uma mulher madura. Lembrei de muitas mulheres que vieram de famílias aparentemente normais e felizes que se tornaram pessoas apáticas, infantis, imaturas, insatisfeitas, fúteis. É estranho pensar que uma família desestruturada e violenta como a de Mônica conseguiu produzir uma mulher tão fascinante. Ela parece ter plena consciência de que precisou passar pelo que passou para se tornar a mulher que é.

Em nenhum momento Mônica se fez de vítima. O alcoolismo, a violência e as traições do pai a empurraram para uma vida mais livre, rejeitando os modelos tradicionais de relacionamento amoroso e sexual. Ela demonstrou valorizar muito a independência econômica que conquistou. Perder a mãe salvou sua vida, disse. Foi uma lição inesquecível: descobrir vida a partir da morte, liberdade na prisão, independência na submissão, força na fraqueza. Disse que inventou um jeito de viver em que os únicos homens proibidos foram, até recentemente, aqueles em que percebeu o mínimo sinal de desrespeito, alcoolismo e violência.

21

Busquei, em diferentes estudos, compreender a infidelidade masculina e feminina na cultura brasileira. Ao escrever sobre infidelidade, queria pensar sobre os diferentes modelos de casamento e de família, sobre as representações do feminino e do masculino, sobre sexualidade, amor e amizade.

A Outra foi a minha primeira pesquisa, entre tantas que se seguiram. Já naquele momento estava interessada nas relações de gênero, nos modelos de conjugalidade e nos comportamentos desviantes. Ao estudar as Outras, mostrei a ambiguidade desse papel que oscila entre o de verdadeiras companheiras e o de mulheres secundárias na vida de um homem casado. Elas adotam um discurso contraditório que ora as apresenta como um dos pilares fundamentais para a manutenção do casamento tradicional, ora como mulheres modernas que criticam as relações conjugais socialmente valorizadas. Entre as mulheres da minha geração, é fácil encontrar muitas que viveram essa experiência, mesmo que por um breve período. É raro encontrar uma que não foi traída. Todas nós podemos ser, potencialmente, esposas traídas ou Outras.

Entrevistei, inicialmente, oito mulheres de diferentes gerações dentro do universo das camadas médias urbanas do Rio de Janeiro. As mulheres que pesquisei, em geral, eram amantes de homens mais velhos, mais bem-sucedidos profissionalmente, casados e com filhos.

A pesquisa de Muraro sobre a sexualidade brasileira mostrou que 60% dos homens entrevistados achavam categoricamente natural que o homem tivesse mais de uma mulher e os

40% restantes achavam natural, com alguma restrição. Essa aceitação da infidelidade masculina tem origens remotas. Gilberto Freyre, ao analisar o modelo de colonização do Brasil, mostrou o ardor sexual dos portugueses, primeiro com as índias e depois com as escravas africanas, que resultou no processo de miscigenação e de povoamento do nosso território. Comportamento aceito e até estimulado pelas poucas esposas portuguesas que acompanharam seus maridos para o novo mundo e que ficaram liberadas, pelo menos em parte, de suas obrigações na cama. A histórica dissociação entre a mulher da casa-grande e a da senzala, da mulher da casa e a da rua, entre a santa e a puta, entre a virgem e a prostituta, entre a mulher para casar e a mulher para transar, fez com que a amante se tornasse uma figura clássica do imaginário sobre a mulher brasileira.

22

Mônica foi pontual dessa vez. Eu já a esperava, na mesma mesa. Ela parecia ansiosa para falar do nosso primeiro encontro.

Como jornalista, sei como é difícil encontrar pessoas que escutam com interesse e atenção. As pessoas, em geral, adoram falar sobre si mesmas e não têm a menor curiosidade sobre o que os outros dizem. Fico impressionada, pois até os psicanalistas que entrevisto falam muito mais do que escutam. Eles já têm ideias preconcebidas sobre tudo e desatam a falar, sem nem mesmo prestar atenção às perguntas que faço.

Tenho entrevistado, nos últimos anos, inúmeros profissionais para as matérias de comportamento que escrevo. E cada vez mais percebo a dificuldade que eles têm para escutar e a falta de interesse que têm pelos outros. O mesmo acontece com alguns amigos e conhecidos. Algumas vezes passo horas só escutando e eles nem percebem que não abri a boca, entro muda e saio calada, e eles continuam falando.

Ando cansada de tanta tagarelice vazia e agora percebi que sou eu quem não para de falar. Que você mal abriu a boca em nosso primeiro encontro. Eu que sempre me coloco na posição de observadora atenta dos outros estou uma verdadeira tagarela. Só queria dizer que é muito raro encontrar alguém que parece ter um verdadeiro interesse pelo outro. Gostei muito disso e agora me sinto ainda mais livre para contar a minha história.

23

Iniciei *A Outra* com a música de Ricardo Galeno, *Eu sou a Outra*, cantada por Carmen Costa na década de 1950.

> *Ele é casado, e eu sou a Outra na vida dele, que vive qual uma brasa, por lhe faltar tudo em casa. Ele é casado e eu sou a Outra que o mundo difama, que a vida ingrata maltrata e sem dó cobre de lama... Não tendo nome, trago o coração ferido, mas tenho muito mais classe do que quem não soube prender o marido.*

Carmen Costa conheceu seu amante, Mirabeau Pinheiro Filho, na boate Mocambo, na rua Prado Júnior, em Copacabana. O caso durou seis anos, de 1952 a 1958. Ela tinha sido casada durante 11 anos com um americano, de quem se separou em 1945.

Carmen e Mirabeau começaram a andar juntos por toda parte, até que ela ficou grávida. Tiveram uma filha, Sinézia. Ele era casado e tinha uma filha com a esposa. A mulher de Mirabeau ameaçava Carmen e a chamava de vagabunda, "mas eu tinha a cabeça erguida. Era independente, ganhava meu dinheiro. E ela só queria o dinheiro dele. Hoje canto suas músicas e os direitos autorais vão todos para ela", disse em entrevista para a revista *Isto É*, em setembro de 1997.

> Recebi a música *Eu sou a Outra* pelo telefone, porque algumas pessoas sabiam do nosso caso. Hoje ainda é um sucesso, que deu coragem para as Outras aparecerem. Naquela época era mais sossegado que hoje, não havia tanta fofoca.

Os que sabiam me censuravam. Mirabeau não tinha coragem de se separar, mas chegou a pensar em se casar comigo no Uruguai, só que sua mulher não assinava o divórcio. Acabamos brigando e eu fui para os Estados Unidos procurar meu primeiro marido, em 1959, e voltei ao Brasil no ano seguinte. Passei a não aceitar duas vidas, não queria mais me dividir, viver um amor partido. Durante muito tempo mantivemos correspondência, mas a atração de corpo acabou. Faria tudo de novo, mas ia exigir mais.

Encontrei, entre as minhas pesquisadas, várias das representações presentes na música *Eu sou a Outra*. A ideia de que falta ao homem casado algo importante e que, por isso, ele procura a Outra que preenche essa lacuna. A ideia da esposa como uma mulher que não completa o marido, ou, mais ainda, como alguém sem valor, já que falta tudo em casa para o seu homem.

A Outra é vista socialmente como uma mulher promíscua e destruidora de lares que ameaça a família monogâmica e a estabilidade conjugal. A vida e o sofrimento dela não interessam aos seus acusadores. É uma mulher estigmatizada, "que o mundo difama" e "cobre de lama", considerada uma prostituta que só tem interesse pelo dinheiro do homem casado.

Para elas, é muito melhor ser a Outra do que a esposa traída, enganada, fracassada, que "não soube prender o marido". Pelo menos a amante tem consciência da situação que vive, enquanto a esposa acredita, ou finge acreditar, que tem uma vida familiar perfeita em que não existe espaço para outra mulher.

A Outra vive forte tensão e ambiguidade, pois anseia pelo casamento tradicional, com o marido provedor, ao mesmo tempo em que quer construir uma relação mais moderna e igualitária.

A Outra não tem nome ou posição na sociedade. Por viver escondida, quase clandestina e invisível, compartilha sua situação apenas com poucos amigos ou familiares. Ela não cumpre os papéis sociais valorizados na cultura brasileira, principalmente o de esposa e o de mãe. Não é a mulher pura, casta, virgem, controlada sexualmente, responsável pela honra familiar e pela criação dos filhos. Não é a prostituta, que vende seu corpo, uma profissional do sexo. A Outra não vende o seu corpo, ama seu amante e, apesar de não ser casada legalmente, sente-se profundamente comprometida. É fiel ao amante e acredita que ele é fiel a ela.

A Outra surge como a relação desinteressada, sem vínculos econômicos ou sociais. É um vínculo baseado no prazer, no desejo, no entendimento sexual, na amizade, na compreensão, no companheirismo. Apesar de apontarem os limites dessa relação, as pesquisadas dizem que são muito especiais e importantes na vida do parceiro justamente por eles estarem com elas sem nenhum tipo de vínculo obrigatório. É uma escolha diária, frágil e, paradoxalmente, valorizada por não estar presa a um contrato legal. É uma relação baseada em um pacto entre dois indivíduos que querem estar juntos sem nenhum tipo de constrangimento social.

Apesar de se sentirem as Outras em alguns aspectos legais, formais ou sociais, todas as pesquisadas se consideravam as verdadeiras mulheres dos seus parceiros em termos sexuais, afetivos e intelectuais. Nesses domínios, a esposa é considerada a Outra, rejeitada por estar muito aquém das necessidades do marido. A ideia de Outra é sempre relativa e pode ser manipulada pelos envolvidos nessa situação.

24

Desde criança, no Dia dos Namorados, invejava cada menina que tinha um namorado para quem dar e de quem receber um presente. Olhava as vitrines das lojas com a sensação de que nunca iria ter um homem para me amar. Sofria muito por não me sentir especial para alguém. Imaginava que minha vida seria sempre a mesma: olhando vitrines sem ter alguém para trocar presentes no Dia dos Namorados. Até que cheguei ao Rio de Janeiro e percebi que aqui minha vida poderia ser completamente diferente e que talvez eu pudesse me tornar especial para alguém. Passei a acreditar que, em breve, iria receber, no Dia dos Namorados, um buquê de rosas vermelhas e um cartão dizendo: Mônica, eu te amo, você é a mulher da minha vida.

Quando cheguei ao Rio de Janeiro, eu era uma garotinha virgem, totalmente inexperiente. Era muito insegura, sentia-me uma menina sem nenhum atrativo. Desde cedo descobri um mundo maravilhoso para me refugiar: os livros. Lia tudo que caía nas minhas mãos, absolutamente tudo. Não havia nenhum tipo de controle sobre os livros que eu lia.

Eu não era como aquelas meninas lindas, loiras, cheirosas, bem-vestidas da escola. Eu era uma garotinha muito triste, com uma família violenta e com muito medo de tudo. Invejava as meninas felizes: os presentes que ganhavam, as roupas que vestiam e, especialmente, o carinho e a atenção de seus pais. Invejava a segurança que transpiravam, a vida cor-de-rosa que tinham em casa, os abraços apertados que recebiam.

Sei hoje, depois de muitos anos de análise, que idealizei muito, e continuo idealizando, a vida das outras mulheres.

Olho para elas e vejo meninas que parecem ter tido tudo o que não tive; mulheres que parecem ter tudo o que não tenho. Olho para elas e vejo mulheres que têm autoconfiança e que confiam em seus maridos, mulheres que têm amor e alegria em suas vidas. Mulheres que não têm que se esforçar tanto para provar que valem alguma coisa. Sei que é tudo fantasia, quando penso racionalmente sobre isso. Sei que elas podem ser tão ou mais infelizes do que eu. Mas, emocionalmente, continuo me sentindo a única menininha frágil, vulnerável, desamparada, medrosa, carente de amor, carinho, atenção, proteção, cuidado. A mesma menininha órfã, totalmente só neste mundo. A mesma menininha que pode ser destruída a qualquer momento.

25

Ao entrevistar amantes de homens casados, constatei que elas constroem suas identidades a partir das acusações internalizadas de desvio e por meio de um contraste permanente com a identidade da esposa. Esta identidade é manipulada, de forma a valorizar a posição da amante em detrimento da de esposa. As pesquisadas se percebem como as verdadeiras companheiras em todos os níveis: afetivo, sexual, intelectual, cultural. A esposa aparece como aquela que tem um vínculo obrigatório, interesseiro e neurótico com o marido.

Se a construção da identidade da amante é positiva, em contrapartida, a figura da mulher de papel passado é megerizada. Para a amante, ela é uma prostituta às avessas, disposta a esfolar financeiramente o marido em troca do divórcio, ou uma boboca que não foi capaz de acompanhar a evolução intelectual e profissional do companheiro.

> É ela quem lava, passa, cuida dos filhos e leva a chatice do dia a dia. Já comigo, ele namora. Nessa sociedade hipócrita em que a gente vive, em que todo mundo tem amante, pelo menos eu construí uma relação às claras, na qual ainda consegui preservar minha individualidade e liberdade, tão preciosas para mim.

Há um sistema circular de acusações: da esposa para a amante, da amante para a esposa, em que são acionadas as mesmas categorias de acusação. As acusações entre elas, em grande parte, estão relacionadas ao interesse financeiro. Nos depoimentos das amantes, as esposas ora aparecem como coitadas, vítimas, submissas, dependentes, enganadas, traídas; ora como putas, exploradoras, manipuladoras, falsas, prostitutas, chantagistas, interesseiras, mentirosas. A esposa é a santa e a puta, a santa que aceita tudo sem reagir e a puta que só tem interesses materiais no marido.

Para as minhas pesquisadas, a verdadeira Outra é a esposa. Elas se consideram as verdadeiras companheiras, as que vivem o amor desinteressado, sincero, retratado na independência econômica e na ausência de vínculos obrigatórios. Ela não se considera a Outra. É a verdadeira, a real, a única, a número um, a mulher.

É possível perceber, nos discursos das pesquisadas, uma busca no sentido de valorizar suas experiências e fugir do estigma de amante. Esses discursos são fortemente psicologizados, com grande ênfase na necessidade da escolha e com rejeição da ideia de vínculos compulsórios. As pesquisadas afirmam que exercem seu papel de sujeito livre no mundo, apesar das pressões sociais, que são mulheres que optam por uma vida diferente e melhor do que a vida das esposas de seus amantes.

A percepção de si mesmas como desviantes aparece nos momentos em que consideram o relacionamento errado, imoral, ilegal, clandestino, secreto, oculto. Foi possível perceber inúmeras ambiguidades, incoerências, tensões e conflitos nos discursos das pesquisadas. Apesar de valorizarem seu relacionamento amoroso, demonstraram o desejo de serem únicas, desejo que aparece das mais diferentes maneiras, inclusive na vontade de casar legalmente com o amante.

Há uma polarização enorme entre os papéis da esposa e da amante. Do lado da esposa: as obrigações chatas e rotineiras com o lar, as amolações com os filhos, as preocupações financeiras. Do lado da amante: o prazer sexual, as conversas íntimas, os passeios e as viagens, as atividades culturais e intelectuais, os projetos em comum. Quando muito, sobra para a esposa uma amizade fraterna, sem nenhum interesse sexual ou intelectual. A Outra se vê como a companheira ideal: independente, inteligente, moderna e livre, vivendo uma relação igualitária e fruto de uma escolha sua e do amante.

26

Estava decidida a perder minha virgindade o mais rapidamente possível. Não queria ser como minha mãe: casar grávida, ter um único homem durante toda a vida, não conhecer o amor e o prazer. Não foi tão fácil quanto eu imaginava. Logo no primeiro mês conheci um rapaz, bem mais velho do que eu. Ficamos muito amigos desde o primeiro encontro. Ele era muito feio, narigudo, cabelo esquisito, magro demais. Mas eu gostava de estar com ele. Íamos ao cinema, ao teatro, a bares. Eu me sentia adulta com ele. Ele estava sempre disponível, fazia tudo o que eu queria, era atencioso, delicado, gentil.

Confesso que eu tinha um pouco de vergonha das minhas amigas me verem com alguém tão feio. Mesmo assim, decidi que ele seria o primeiro homem da minha vida. Só que não foi. Ele não quis. Disse: Mônica, você é muito nova, é uma responsabilidade enorme. Na verdade, acho que ele percebia que eu não o amava. Mas continuamos amigos. Ele me introduziu no mundo da política, fazíamos grupos para estudar os livros de Marx, Lenin, Trotsky. Debatíamos *O capital* como se fosse a nossa bíblia.

Foi um período muito rico da minha vida. Ainda adolescente descobri um mundo de ideias apaixonantes. Deixei de ser uma garota alienada e passei a me sentir uma militante revolucionária. Com ele, eu nunca me sentia só. Estávamos sempre juntos e esqueci o meu plano de deixar de ser virgem. Até o dia em que peguei o elevador com um homem alto, bronzeado, de olhos verdes e com um enorme bigode.

27

Pude comparar muitas características das mulheres pesquisadas, mas a determinante para a minha análise foi a diferença de visão que elas tinham sobre a situação de ser amante de um homem casado em função da faixa etária em que se encontravam.

Classifiquei as amantes em três grupos: passageiras, transitórias ou permanentes, ao perceber uma estreita relação entre a idade de cada uma e o seu campo de possibilidades no mercado matrimonial.

As mais jovens vivem a situação de amantes como passageira. Sem projetos de casamento, querem apenas namorar seus amantes e não se preocupam muito com a continuidade da relação.

As que estão com cerca de 40 anos, vivem a situação de amantes como transitória, lutando por um relacionamento integral com o parceiro. Elas querem se tornar as esposas oficiais.

Já as que têm mais de 50 anos vivem a situação como permanente. Não têm expectativa de se tornarem as legítimas mulheres de seus parceiros ou que eles se separem de suas esposas. São amantes há muitos anos e dizem ter se acomodado a essa situação, enxergando mais aspectos positivos do que negativos nela. Assumem, mais fortemente do que as demais, a identidade de Outra.

Posso pensar em dois verbos para conjugar essas diferentes posições: estar e ser, para sugerir a ideia de transitoriedade ou de identidade. Enquanto as mais jovens *estão* Outras, as mais velhas *são* as Outras.

A provável solidão é uma realidade assustadora para as mulheres mais velhas, que acham que ser amante de um homem casado é melhor do que não ter homem algum. Em um mercado de casamento desvantajoso para as mulheres, a posição de amante é percebida como mais valorizada socialmente do que aquela da mulher que não tem um homem. Para elas, no Brasil, a mulher sem homem (marido ou amante) é vista como uma fracassada, abandonada, rejeitada, e não como alguém que pode ter escolhido viver só.

A mulher sem um homem é uma mulher sem valor, dizem. Tanto a esposa quanto a amante pagam um preço alto para terem esse capital tão valorizado. Aceitam um marido e um amante com limitações e se sujeitam a situações que percebem como humilhantes, degradantes, insatisfatórias. A lógica da dominação masculina está presente no discurso das Outras.

28

Eu nunca falo com estranhos. Até hoje, em viagens de avião, leio um livro ou jornal para evitar que o passageiro ao meu lado puxe alguma conversa. No táxi, finjo que leio uma revista para que o motorista não fique de papo. Amo o silêncio e restrinjo ao máximo as conversas sociais em ambientes como elevador, fila de banco, táxi, avião. Sei que pareço antipática, pois nem dou um sorriso para não estimular uma conversa de poucos minutos.

Mas aquele bigodudo mexeu comigo. Ele me deu um sorriso irresistível. Falou algo sobre o calor insuportável e como seria bom poder dar um mergulho no mar. Apesar do bigode, não resisti e sorri. Respondi que adoraria tomar um banho de mar naquela manhã tão quente. Ele perguntou o meu nome. Mônica, respondi. Ele disse: Mônica, por que não vamos tomar um banho de mar juntos? Rápido e direto. Adorei.

Subi para o meu apartamento, coloquei um biquíni por baixo do short e da camiseta e desci, em menos de cinco minutos. Caminhamos até a sua moto, estacionada em frente ao meu prédio. Achei aquilo ainda mais incrível, pois nunca tinha subido em uma moto. Tudo tinha um sabor de aventura, de transgressão e de perigo.

Fico imaginando se a mesma situação acontecesse hoje, com o Rio de Janeiro tão violento. Mas isso não interessa. Senti tesão por aquele homem, por aquela situação. Estava tão excitada que poderia gozar, pela primeira vez na minha vida, na garupa daquela moto. Eu abraçada no corpo daquele homem gostoso, tão próxima quanto nunca estivera de outro. Encostando minha cabeça em suas costas suadas, sentindo seu cheiro.

Eu parecia uma atriz representando a vida que tanto desejava: era, finalmente, uma mulher livre de todas as regras e convenções, sentindo o vento quente no rosto e o corpo suado de um desconhecido que me levava para um lugar qualquer. Uma mulher revolucionária, muito mais do que aquela garota que passava horas e horas em reuniões discutindo *O capital*. Descobri, naquele momento, que essa seria a minha verdadeira revolução: ser livre para viver o meu próprio prazer.

Em nenhum momento pensei em quantas garotas já teriam aceitado o mesmo convite, em quantos sorrisos sedutores o bigodudo deu em elevadores. Não pensei nas regrinhas de me fazer de difícil, de não aceitar convites de estranhos. Afinal, eu já me sentia uma adulta, que discutia a revolução, tinha amigos mais velhos, bebia cerveja e sentia desejo por um desconhecido. Meu único problema era que, apesar de tudo isso, eu ainda era virgem.

29

Um ponto une todas as Outras, sejam elas passageiras, transitórias ou permanentes. Todas acreditam que seus amantes não têm nenhum tipo de relacionamento sexual com as esposas. Afirmam que seus amantes são fiéis sexualmente a elas. É curioso perceber que, mesmo em uma relação extraconjugal, em que a traição masculina é mais do que evidente, a fidelidade sexual permanece como um valor fundamental. A fidelidade dos amantes é, para as pesquisadas, o que justifica a existência da relação e a crença de que esta é mais verdadeira do que o casamento que ele mantém com a esposa.

A fidelidade é o principal valor para as Outras. Todas afirmaram que seus amantes não têm mais relação sexual com as esposas, nem desejo ou interesse sexual por elas. Sentem-se seguras e confiantes porque se acham as únicas na vida sexual dos parceiros. Esta fidelidade, mais do que tudo, justifica a situação, pois elas não se sentem traídas, como são as esposas. Percebe-se daí a importância da fidelidade sexual, em nossa cultura, mesmo, ou talvez principalmente, nas relações extraconjugais.

Como mostrei no livro *A Outra*, os homens contrariam essa crença feminina. Entrevistei um homem casado, que tem uma amante há sete anos, que afirmou, categoricamente, que não existe nenhuma falta em seu casamento. Ele disse que tem uma vida familiar normal e sem brigas com a esposa, com muito sexo, afeto, conversas, trocas, alegrias, tristezas e responsabilidades. Disse que a esposa e a amante são suas duas mulheres e que é o homem das duas, considerando possível ter dois amores diferentes com mulheres diferentes. Afirmou que tem uma vida sexual muito satisfatória com a esposa. E que, se não tivesse essa amante há sete anos, trairia a esposa de qualquer jeito, "porque a oferta de mulher está um negócio de doido".

> Essa conceituação romântica de que o amor é uma coisa única, que só se sente por uma pessoa, é uma besteira enorme. Meu casamento vai muito bem, obrigado, não há uma falta no meu casamento. A relação extraconjugal não significa absolutamente que exista uma falta no casamento. Por mais que você pergunte à minha amante e ela vá dizer que sim, eu vou dizer que não. Não há nenhuma falta. É uma presunção enorme das amantes acharem que precisa haver uma falta para elas existirem. Você dorme mais tranquila acreditando nisso. Na verdade eu acho que o fato de não existir uma falta no meu casamento até valoriza minha relação com a minha amante. Ela não existe na minha vida por causa de uma necessidade do casamento em si.

30

Durante alguns dias saímos muito, sempre de moto, para ir à praia ou a barzinhos. Ele sabia que eu estava querendo me livrar da virgindade, mas tinha um pouco de receio de ser o primeiro. Eu desconfiava que ele transava com outras mulheres, mas achava que não tinha o direito de cobrar nada. Na verdade, fazíamos praticamente tudo na cama, só que eu ainda era virgem. Eu era totalmente inexperiente, nunca tinha gozado, nunca tinha feito um homem gozar.

Um dia, no meio de nossas brincadeiras na cama, inesperadamente ele me penetrou. Não lembro direito o que aconteceu. Só restaram duas lembranças da minha primeira vez. Eu não sangrei. E, logo depois de gozar, ele pegou um rolo de papel higiênico que estava embaixo da cama e se limpou. Fiquei gelada com a sensação de que aquele rolo de papel estava sempre ali, estrategicamente, para ele se limpar depois de transar.

Fui para o meu apartamento e não consegui dormir. Depois disso ele passou a me evitar de todas as maneiras. Não ligou mais. Não respondeu aos meus telefonemas. Fugia de encontros no elevador, na praia ou nos barzinhos que frequentávamos. Um dia eu o encontrei no elevador. Ele estava sorrindo para uma garotinha loira, exatamente como fez comigo. Foi um choque, mas não disse nada, fingi que não o conhecia. Nessa hora me senti um verdadeiro fracasso, uma menina boba por quem ele não tinha o menor interesse. Transou uma única vez e ponto.

Durante muitos meses fiquei deprimida, bebi quase todas as noites para fugir da dor. Não transei com mais ninguém por quase um ano. Não que eu o amasse, acho que nem sabia o que era isso. Mas ele tinha sido o meu primeiro homem. Um dia, tomei coragem e liguei para ele: Oi, é a Mônica. Ele disse que não conhecia nenhuma Mônica e desligou na minha cara. Foi terrível perceber que não signifiquei absolutamente nada para ele. Mas, devo confessar, ele me deu uma lição muito importante para toda a vida. Depois do bigodudo, decidi, como na música de Roberto Carlos, que só vou gostar de quem gosta de mim.

31

As pesquisadas demonstram que ter um marido é um valor fundamental. No caso de não ser possível ter um marido, ter um amante fiel e companheiro é uma alternativa que pode ser bastante satisfatória, tendo em vista as outras opções que se apresentam para mulheres mais velhas (a solidão, o lesbianismo, o marido traidor ou um casamento insatisfatório).

A fidelidade do amante apareceu como um valor ainda mais fundamental para as mulheres de mais de 40 anos. A crença na fidelidade do parceiro, de que são as únicas na cama, é básica para que a relação exista. Sem esta crença, provavelmente, não conseguiriam sustentar por tantos anos este tipo de relacionamento. Elas enfatizam o companheiro maravilhoso que conseguiram e como recebem provas constantes de que são as únicas em suas vidas. Descrevem a situação extremamente desvantajosa das esposas de seus amantes, mulheres que aceitam uma situação secundária, humilhante e dependente.

A infidelidade é percebida como sintoma de uma patologia ou insuficiência da relação. Não é uma questão moral ou obrigatória. É uma impossibilidade amorosa. Elas acreditam, ou precisam acreditar, que são únicas, especialmente no domínio sexual. As Outras acreditam que em determinada fase da vida, particularmente depois dos 40, é praticamente impossível encontrar um homem heterossexual que não seja casado. Elas consideram muito melhor ter um companheiro, mesmo casado, do que ficarem sozinhas. Dizem que quase todas as suas amigas estão sós ou em casamentos muito insatisfatórios.

As Outras gostariam de ter um parceiro fiel, se possível sem uma esposa. No caso desta impossibilidade, acham melhor ser amante de um homem casado do que uma mulher sem um homem ou, pior ainda, uma mulher casada com um marido que tem amante.

Na hierarquia de preferência das pesquisadas, ficar sozinha está acima de ser a esposa traída. Portanto, a figura do homem não é incondicionalmente soberana. Apesar do marido ou do amante serem verdadeiros capitais para elas, eles perdem completamente o valor quando são infiéis. O que reforça a ideia de que a fidelidade é o principal valor para as Outras, um capital muito mais valioso do que a presença de um homem em suas vidas.

32

Toda vez que vivo uma nova paixão me lembro do bigodudo e de uma música do Chico Buarque.

> *Quando você me deixou, meu bem, me disse para ser feliz e passar bem. Quis morrer de ciúmes, quase enlouqueci, mas depois como era de costume obedeci. Quando você me quiser rever, já vai me encontrar refeita, pode crer. Olhos nos olhos, quero ver o que você faz, ao sentir que sem você eu passo bem demais. E que venho até remoçando, me pego cantando, sem mais nem por quê. E tantas águas rolaram, tantos homens me amaram, bem mais e melhor que você...*

É engraçado, porque já se passaram tantos anos e continuo querendo me vingar do bigodudo. Até hoje tenho vontade de ligar para ele e saber o que aconteceu depois que transamos. Perguntar se ele realmente não se lembra de uma Mônica, uma garotinha virgem que ele conheceu no elevador.

Durante muito tempo não consegui transar com ninguém. Era como se eu tivesse voltado a ser virgem e quisesse um homem que realmente valesse a pena para compensar o desastre que foi a minha primeira vez. Na verdade, acho que era medo de uma nova rejeição.

Saí algumas vezes com um trotskista, aquele tipinho intelectual, metido, de óculos, que me fazia perguntas do tipo: O que é estética? O que é ética? O que é moral? Eu o achava brilhante, louco, fascinante. Mas na hora de transar eu começava a chorar e ele desistia, com raiva da minha criancice. Afinal, ele era um intelectual de esquerda e queria transar com mulheres revolucionárias e não com uma boboca como eu. Logo ele começou a transar com uma garota bem bonita do nosso grupo de estudos. Outra rejeição.

Eu saía com muitos caras, beijava, ficava a fim, mas na hora de transar eu não conseguia, começava a chorar e cada um ia para o seu lado. Até que aquele meu amigo, muito feio, voltou à cena. Ele começou a namorar uma outra garota e eu fiquei com medo de perdê-lo para sempre. Ele largou imediatamente a garota quando eu disse que queria namorá-lo.

Decidimos morar juntos e logo transamos. Foi péssimo. Senti muita dor com a penetração, rejeição pelo seu cheiro, seu corpo, sua falta de jeito. Mas eu me sentia totalmente segura com ele, acreditava que ele nunca iria me abandonar. Com ele, eu não corria o risco de ser rejeitada mais uma vez. Nossa vida sexual era muito ruim, mas eu achava que era assim com todo mundo. Nunca gozei com a penetração. Nunca senti prazer. Mas ele gostava tanto de mim, era tão submisso às minhas vontades, que eu achava que compensava o sacrifício de ter que transar com ele de vez em quando.

Eu saía com outros homens, bebia, voltava de madrugada e ele não dizia absolutamente nada. Comecei a me interessar por outros homens, mas tinha medo de transar com eles e perder a segurança que havia conquistado. Um dia, decidi fazer uma coisa completamente maluca: falei para o meu companheiro que tinha transado com outro cara só para ver a reação dele. Durante um mês mantive essa mentira só para ver o que iria acontecer se eu realmente transasse com alguém.

33

Na hierarquia de valores das mulheres pesquisadas, a melhor posição é a da esposa (com um marido fiel), seguida da Outra (com um amante fiel), da mulher que está só e, por fim, da mulher casada com um marido que tem amante. Esta última, segundo elas, é a posição mais insatisfatória. A pior posição para elas é a da esposa que não tem uma vida sexual com o marido nem outros prazeres, apenas obrigações com os filhos e com a casa. Elas preferem ser amantes a serem sós, mas preferem ser sós a mal-acompanhadas (com um parceiro infiel).

Como mostrei no livro *Coroas*, no Brasil, ter um marido é uma verdadeira riqueza, especialmente em um mercado em que os homens disponíveis para o casamento são escassos. Utilizei as ideias de Pierre Bourdieu para criar um novo tipo de capital, que é extremamente importante para as mulheres brasileiras: o "capital marital". As mulheres casadas que pesquisei se sentem muito poderosas, pois, além de terem um marido, acreditam que são mais fortes e independentes do que eles (mesmo que eles ganhem muito mais do que elas e sejam mais bem-sucedidos em suas profissões). Em um mercado em que os maridos são escassos, as brasileiras casadas sentem-se triplamente poderosas: por terem um produto raro e extremamente valorizado no mercado; por se sentirem superiores e imprescindíveis para seus maridos; e, principalmente, por acreditarem que eles são fiéis. Criei essa ideia para pensar sobre os discursos, os valores e os comportamentos das mulheres brasileiras: o marido como capital.

Pode-se pensar que, no caso de muitas brasileiras que não possuem o "capital marital", o amante fiel é considerado um outro tipo de capital, um pouco menos valorizado do que o marido fiel, mas ainda desejado.

34

Decidi fazer esse teste para ver como seria nossa vida se eu realmente tivesse um caso. Eu só tinha tido duas experiências sexuais bastante ruins. Achava que tinha o direito de ter outras, mas não queria perdê-lo. E estava realmente interessada em outros caras. O silêncio do meu companheiro era insuportável. Ele estava triste, abatido, confuso, mas não disse absolutamente nada. Preferia que ele brigasse, discutisse, saísse de casa, fizesse algo. Ele era tolerante demais, não impunha limites, não expressava suas vontades. Eu acreditava que ele não me abandonaria nunca, fizesse o que fizesse, ele estaria sempre lá em casa, me esperando, me querendo, me protegendo.

Depois de um mês de muito sofrimento, para nós dois, eu disse a verdade: que estava saindo com um cara, mas que ainda não tinha transado com ele. Aí ele me disse a coisa mais incrível que já ouvi de um homem: Mônica, prefiro que você transe com ele a ficar fantasiando. É melhor você transar do que me culpar por não ter feito o que queria. Se você transar vai descobrir o que realmente quer.

Esperava tudo, menos essa reação. Percebi que ele realmente era um homem diferente dos outros, muito especial, e que eu não queria perdê-lo de jeito nenhum. Que homem brasileiro daria uma resposta como essa?

Logo depois transei com o outro cara. Não foi nada especial. Ele falava muito da ex-mulher e da filha e me desinteressei rapidamente. Em seguida, transei com um ex-professor que poderia ser meu pai. Depois com um rapaz que tocava violão e era meio hippie. Passaram-se dois anos, sem sexo dentro de casa e com um sexo mais ou menos fora de casa. Na verdade, mais para menos do que para mais.

Um dia, sem mais nem menos, decidi que queria voltar a morar sozinha. Ele não entendeu o motivo, já que não brigávamos e ele me dava toda a liberdade que eu queria. Quando foi embora ele me disse uma coisa que nunca esqueci: Mônica, depois de você, eu quero uma mulher forno e fogão. Você é independente demais, você não precisa de mim.

Foi muito esquisito ouvir isso, mas, de uma forma ou de outra, muitos homens, depois dele, já me disseram a mesma coisa: Mônica, depois de você, eu quero uma mulher forno e fogão. Você é independente demais, você não precisa de mim.

Poucos meses depois ele foi morar com uma mulher, acho que bem forno e fogão, e tiveram dois filhos. Estão juntos até hoje. Sei que ele é um excelente pai e um marido dedicado. Recentemente, liguei para perguntar alguma coisa e ele foi muito frio e distante. Foi um choque. Eu sempre achei que era a mulher mais importante da vida dele. Mais uma fantasia que se foi.

35

A liberdade de escolha do amante é utilizada como justificativa para valorizar a situação que vivem. O discurso de legitimização da relação extraconjugal é construído a partir de uma oposição básica: liberdade *versus* obrigação.

Pode-se enxergar, nos discursos das Outras, uma contabilidade comparativa em termos do tempo que o homem casado dedica à esposa ou à amante. Elas se preocupam em demonstrar que passam muito mais tempo com o amante do que ele passa com a esposa, além de afirmarem que a qualidade do tempo que passam é muito superior em termos de intensidade e de prazer.

A medida mais importante para as Outras é a de que eles estão com elas sem terem nenhuma obrigação de estar. Estão porque desejam estar. Com as esposas, dizem, eles estão apenas por obrigação. Mesmo que eles passem mais tempo com a esposa e com a família do que com as amantes, este é um tempo que não é considerado tão valioso quanto o que elas possuem. Um tempo dedicado por vontade própria e não por constrangimentos sociais ou familiares. Um tempo desinteressado, um tempo valorizado, um tempo que é um verdadeiro capital para elas e que representa a importância de cada uma na vida de seus amantes.

O tempo livre, movido unicamente pelo desejo, passa a ter muito mais valor do que aquele que é visto como fruto de uma obrigação indesejada. Justificam, assim, a ausência do parceiro nos momentos e datas como Natal, festas de fim de ano, finais de semana, férias, aniversários. Tempos em que, elas acreditam, o amante está ausente apenas porque tem obrigações familiares a cumprir. Tempos em que, elas afirmam, o verdadeiro desejo dos amantes é estar com elas. Crença reforçada pelo fato dos seus amantes fugirem dessas situações familiares para telefonarem para elas.

Nesse sentido, vale a pena mencionar que o telefone celular facilitou, e muito, a vida dos homens casados que têm amantes. Antes, os orelhões eram os seus únicos aliados nestes momentos de escapadas ou, como se diz no Brasil, de pular a cerca.

Pode-se pensar que a eterna disputa entre a titular e a amante tenderia a perder força com a conquista da liberdade e da independência feminina. Mais livres e independentes, econômica, social e emocionalmente, nem as esposas tolerariam ser ludibriadas pelo marido, nem a amante aceitaria um papel secundário na vida do homem amado.

Mais livres e independentes, economicamente e emocionalmente, as mulheres poderiam escolher parceiros menos disputados no mercado matrimonial (mais jovens, mais pobres, menos escolarizados do que elas). Poderiam ampliar o seu campo de possibilidades amorosas buscando parceiros em outros países, pela internet ou em redes de relacionamento. Poderiam inverter a lógica existente, buscando valorizar os seus próprios capitais e deixando de ver no marido ou no amante um capital necessário.

A instituição da Outra continua a existir na cultura brasileira. A grande diferença é que elas parecem ser mais independentes e conscientes de suas escolhas do que a antiga teúda e manteúda. As Outras não negam a insatisfação e a frustração de amarem um homem casado com outra mulher. Mas tentam justificar a situação mostrando as vantagens de uma relação baseada, unicamente, no desejo e não em obrigações familiares.

Quanto mais livre e independente é a mulher, mais ela pode viver a experiência de ser amante de um homem casado como uma escolha, e não como um imperativo demográfico, um fracasso pessoal ou um acaso do destino.

36

Minhas amigas dizem: Mônica, você é uma sortuda, é uma mulher livre, não tem filhos, pode transar com quem quer e quando quer.

As casadas reclamam que o casamento é uma rotina, que gostariam de ter tido outras experiências, que a vida sexual é ruim, que não têm mais romance, que os filhos atrapalham. E dizem que me invejam porque acham que sou completamente livre. As casadas se sentem aposentadas compulsoriamente de uma vida amorosa e sexual. E dizem que me invejam porque acham que transo o tempo todo. As solteiras sofrem com a falta de segurança e de continuidade das relações. E dizem que me invejam porque acham que eu não preciso disso. Reclamam que falta homem no mercado. E dizem que me invejam porque acham que sempre estou com alguém. Casadas e solteiras reclamam que os homens não gostam de dar beijo na boca. E dizem que me invejam porque acham que meus homens gostam de me beijar na boca.

Raro encontrar uma mulher que não reclame do seu homem ou da falta de um. Para elas, sou quase um mito, já que acham que namoro, transo, separo, namoro, transo, separo e nunca reclamo dos meus homens. Na verdade, fico com homens com quem elas jamais pensariam em ficar: casados, feios, gordos, baixos, que nunca ouviram falar de Simone de Beauvoir ou de Jean-Paul Sartre, que se vestem mal ou que não têm grana.

Tenho uma amiga que não se conforma que os homens fiquem mais a fim de mim do que dela, já que ela é mais jovem e muito mais bonita do que eu. Uma madrugada ela ligou para minha casa, reclamando que eu tinha ficado com um cara que ela estava paquerando. Tentando acalmá-la, eu disse que foi melhor ela não ter ficado com ele, já que ele é o típico cafajeste que ela tanto despreza: casado, feliz com a esposa, dois filhos.

O cara, na minha cama, riu muito da minha resposta e da cobrança dela. Ele tentou explicar por que tinha me escolhido.

> Você tem borogodó, ela não tem. Mulher que quer se fazer de menininha não tem borogodó. Ela se comporta como uma menininha, com aquela vozinha infantil, roupinha de adolescente. Aquela calça jeans justa demais, a barriga aparecendo, argola enorme... Não gosto de mulheres tão óbvias. Ela é ansiosa demais, carente demais, desesperada para encontrar um homem. Borogodó tem a ver com segurança, com se sentir bem na própria pele. Quando não é *fake*. Não precisa ser uma mulher bonita, com um corpo perfeito. Aliás, acho que as mulheres muito bonitas são ruins de cama. Não precisam se esforçar, sabem que qualquer homem vai querer transar com elas. Algumas mulheres são lindas, mas não têm borogodó. Outras, menos bonitas, menos jovens, são charmosas, vivas, experientes. Isso me atrai em uma mulher. Não troco uma mulher de 40 por duas de 20. No início, até dei uma paqueradinha na sua amiga, mas ela estava se esforçando tanto para me agradar que logo desisti. Quando você chegou ela sumiu do mapa. Eu me encantei com seu sorriso, sua espontaneidade, sua segurança. Você sabe que é uma mulher atraente. Você tem borogodó, a sua amiga, não. Simples.

37

Esposa & amante
Manoel Carlos
Veja Rio (6/7/2005)

No meu tempo de rapaz, quando alguém vivia um grande conflito do qual não via jeito de sair, dizíamos que ele estava numa sinuca de bico. Está lá, no Aurélio, no verbete "sinuca", para essa moçada de hoje não pensar que eu estou inventando moda: "situação difícil ou embaraçosa para a qual o indivíduo não vislumbra qualquer saída ou solução." Todo mundo, pelo menos uma vez na vida, já se defrontou com um dilema aparentemente insolúvel. A expressão é antiga, em desuso – acho eu –, e por isso vi a necessidade de fazer este pequeno preâmbulo antes de contar aos possíveis leitores que o meu amigo Evandro afirmou estar numa sinuca de bico.

– Por quê? – perguntei eu.

– Arranjei uma amante e estou perdidamente apaixonado por ela!

– Parabéns!

– Mas tenho de me decidir: ou ela ou a minha mulher. E não sei o que fazer, uma vez que não me imagino vivendo sem a minha família, os meus filhos.

– Fique com a família e termine com...

– Tá maluco? Nunca vou me separar da Silvinha! Você não percebeu que eu estou apaixonado por uma e não posso viver sem a outra?

– Mas tem de botar na balança. Lurdinha tem três filhos seus e Silvinha...

– Quer ter filhos comigo também! Três, quatro, cinco! Ela não me quer como amante, mas como marido, pai dos seus filhos! Dos nossos filhos! A minha sinuca de bico é exatamente esta: tenho duas mulheres fantásticas, absolutamente não descartáveis e inesquecíveis! Mas não posso continuar com as duas, como tenho feito até agora. Estou me acabando! Não está me achando abatido, com olheiras?

E estabeleceu-se uma pausa brilhante, se isso é possível. Devo dizer que para mim não era novidade ver um homem balançar entre matriz e filial. E essa história de mulher inesquecível não me impressiona. Todas elas são! As que muito amamos, as que amamos pouco e as que não amamos. Todas nos marcam. E às vezes as que mais nos marcam são até as que não amamos. O Evandro não é o primeiro nem será o último dos homens dividido entre duas mulheres. Quantos dos que me leem neste momento não estarão pensando: "Caramba! Também eu estou numa sinuca de bico?"

Mesmo contra a minha vontade, Evandro desceu aos pormenores de sua paixão:

– E na cama meu conflito é maior: as duas são incríveis! A Lurdinha, pela experiência; a Silvinha, pela falta de. Porque você há de concordar que tão sensual e atraente quanto uma mulher que sabe tudo só mesmo uma que não sabe nada. A malícia é a irmã mais velha da ingenuidade. São frutos da mesma árvore. Quantas vezes me sinto estressado, e tudo o que desejo é uma sábia mulherzinha, que conheça o meu corpo, minhas vontades, minhas carências. E em outras vezes tudo o que quero é a ignorância de uma garota capaz até de cair na risada enquanto fazemos amor!

Conheço a Lurdinha. Deve andar lá pelos 45 anos. E, apesar dos três filhos, mantém o corpo em forma, tem humor, está sempre disposta, além de receber os amigos do marido com a alegria das recém-casadas. Já a Silvinha eu não conheço, mas segundo o Evandro ela tem 25 anos, corpinho de 18 e cabecinha de vento de 15.

E arrematou na ocasião:

– 25, 18 e 15! Somados: 58! Tá vendo? A minha idade! Esse é um importante sinal cabalístico!

Pode ser. Não discuto com apaixonados, pois eles sempre estão certos, mesmo quando errados. De qualquer modo, eu disse meia dúzia de palavras ao Evandro, que ele tomou como conselhos, agradeceu e se foi, jurando que resolveria o problema naquela mesma tarde.

Ao me encontrar com Evandro alguns dias depois e perguntar como resolvera a questão, ele foi franco:

– Resolvi dar um tempo. Enquanto isso, vou ficando com as duas. Acho mais justo com elas e comigo.

Também com isso não me surpreendi. Essa falta de solução tem sido a solução mais frequente nesses casos. Os homens só resolvem esse problema sob forte pressão. Da mulher ou da amante. E, pelo que sei, Evandro segue alternando a experiência de uma com a ignorância da outra. Está mais abatido, claro, mais magro, com as olheiras já chegando aos lábios superiores, mas segue dando um tempo.

Fico pensando nesse funesto acontecimento que é estar apaixonado por duas mulheres e não querer afastar-se de nenhuma delas. Da esposa, que com os filhos representa a família propriamente dita, e da amante, desejosa de também ela formar uma família. Ambas boas de cama, como afirmou Evandro. E ambas apaixonadas.

É. Concordo que é uma sinuca de bico.

38

Depois de alguns anos saindo com inúmeros homens, de diferentes idades, tamanhos, profissões, ideologias e estados civis, encontrei aquele que é o grande, e único, amor da minha vida. Pode ser o maior clichê, mas é a mais pura verdade: foi amor à primeira vista. Logo eu, tão cética e desconfiada dos homens, acabei perdidamente apaixonada no momento em que o vi pela primeira vez. Nunca imaginei que isso pudesse acontecer comigo.

Foi em uma reunião do meu sindicato. Eu fazia muito sucesso nessas reuniões, já que era uma das raríssimas mulheres presentes, e ainda jovem e magra. Era bastante paquerada por velhinhos e por jovens barbudos. Mas gostei especialmente desse barbudo com o figurino-padrão-militante político: jeans, camisa xadrez e bolsa a tiracolo. Ele fez um discurso defendendo a greve geral e logo me chamou a atenção. Moreno, sorriso charmoso, não muito alto, não muito magro. Eu o achei incrivelmente sexy, uma mistura de masculinidade com feminilidade, que até hoje me atrai em um homem.

Naquela época, eu não ligava para a beleza ou para o corpo, até porque era raro encontrar alguém nessas reuniões que fosse atraente nesses quesitos. O que sempre me atraiu foi a inteligência, o poder, a autoconfiança, o prestígio, a segurança, o charme. Mas ele mudou meus parâmetros, eu estava interessada fisicamente nele, muito.

Quando terminou a reunião, um amigo dele me perguntou: Mônica, você quer ir beber alguma coisa com a gente? Lógico que sim. Eu e o barbudo sexy esquecemos do mundo e passamos a noite toda conversando. Depois de muitos chopes, muita sedução de ambas as partes, começamos a nos beijar, muitos beijos, longos beijos, deliciosos beijos.

Lembro-me até hoje, depois de tantos anos, de como fiquei emocionada com esse encontro. Pensava: este é o homem da minha vida, finalmente o encontrei. Eu estava muito eufórica e completamente apavorada. E se eu não fosse a mulher da vida dele, o que iria acontecer comigo? Fomos até o meu apartamento e transamos até o amanhecer. Foi a primeira vez na vida que gozei com um homem dentro de mim, física e emocionalmente. Eu nem sabia que podia sentir o que estava sentindo, que aquela emoção e prazer existiam. Gozamos juntos, abraçados, e foi o momento mais lindo da minha vida. Chorei muito, sem disfarçar o que estava sentindo.

Eu estava completamente apaixonada, como nunca, nem de perto, estive por outro homem. Assustada, mas feliz. Lembro, como se tivesse sido ontem, aquele gozo com aquele homem dentro de mim. Ele foi embora quando amanheceu. Não me ligou no dia seguinte, nem no outro, nem no outro. Eu não tinha o telefone dele, mas, mesmo que tivesse, eu não ligaria. Achava que tinha sido um encontro especial para ele, mas já estava acostumada com as rejeições. Fiquei triste, mas a vida continua e a fila anda, como pensava naquele tempo. Não seria a primeira nem a última vez que um cara não me ligava depois de uma transa.

39

Poucos meses depois de publicar *A Outra*, escrevi um trabalho para um curso ministrado pelo sociólogo norte-americano Howard Becker no Museu Nacional. Com o título "A construção social da identidade masculina: sexo e casamento nas camadas médias urbanas", busquei discutir a questão da infidelidade em um grupo de homens, tentando compreender o outro lado da moeda. Preocupei-me em observar a visão masculina sobre as transformações ou crises que têm ocorrido nos casamentos, a possível existência de uma nova moralidade nos relacionamentos e as modificações dos papéis de gênero. Para tanto, entrevistei nove homens heterossexuais das camadas médias urbanas, com pelo menos uma experiência de casamento ou de vida em comum. Os dois pesquisados mais jovens tinham 30 anos. O mais velho tinha 57. Todos estavam casados no momento das entrevistas.

Eu acreditava, antes de entrevistá-los, que todos tinham uma vasta experiência com mulheres ao longo de suas vidas. No decorrer das entrevistas, essa foi uma crença que logo fui obrigada a abandonar. Esperava, pelo perfil dos pesquisados – homens bem-sucedidos em suas profissões, atraentes, inteligentes –, um número muito maior de parceiras sexuais ao longo de suas vidas (as respostas variaram de uma única a 33 parceiras sexuais).

Após concluir meu trabalho, ele foi lido e discutido por dez novos homens, com o mesmo perfil dos pesquisados. A crítica mais contundente foi feita por três homens que disseram que não se sentiram representados, já que tiveram mais de cem parceiras sexuais ao longo de suas vidas. Número que não consideram muito alto, já que, dizem, seus amigos tiveram muito mais mulheres do que eles. Os depoimentos dos pesquisados são significativos para pensar sobre o papel dos amigos nas representações masculinas sobre gênero e sexualidade na cultura brasileira.

40

Após um mês ele me ligou, quando eu nem pensava mais nele. Fiquei tão surpresa que demorei a reconhecer sua voz: Mônica, sou eu. Posso ir te encontrar? Sim, sim, sim. Ele chegou, me beijou, transamos apaixonadamente. Após horas de encantamento ele me disse, sem eu perguntar, que não tinha me ligado antes porque tinha saído da minha casa direto para o aeroporto. Foi buscar a noiva que estava chegando de Fortaleza para passar as férias com ele. Só que eu tinha destruído as férias deles e provocado o fim do noivado. Ele passou todos os dias pensando em mim. Não via a hora de deixar a noiva no aeroporto.

Desse dia em diante passamos a morar juntos. Com ele amei, gozei, dancei, cantei, sorri e fui plenamente feliz. Mas o medo de que essa felicidade acabasse era tão grande que um dia acabou de verdade.

Devo confessar que fui a principal responsável pelo fim. Eu o amava muito, ele me amava muito. É só olhar para as nossas fotografias nesse período para ver todo o nosso amor e felicidade. Tenho milhares de presentes, cartas e bilhetes apaixonados dele. Mas brigávamos o tempo inteiro. Os finais de semana eram um verdadeiro inferno. Brigávamos por nada, por bobagens ridículas. A primeira viagem que fiz para o exterior foi com ele. Fomos a Cuba. As brigas eram inacreditáveis, não consigo nem lembrar os motivos. Parecíamos duas crianças fingindo ser gente grande.

Foram dois anos e meio de muito amor e muitas brigas. Nossa vida sexual foi sempre muito gostosa e intensa. Ele queria ter filhos e compramos um apartamento maior pensando nessa possibilidade. Foi aí que a coisa piorou. Passamos a brigar até pelo azulejo quebrado. Eu viajava muito, estava cobrindo a parte política do jornal. Durante mais de dois anos eu não tive outro homem. Estava completamente apaixonada. Em uma dessas viagens, transei com um colega de trabalho. Fiquei tão culpada que ele logo percebeu. Eu chorava desesperadamente pedindo para ele me perdoar. Ele não dizia nada, me ignorava completamente, chegava tarde, começou a ter um caso com a secretária. Eu não aguentei tanto sofrimento. Decidi me separar. Vendemos nosso belo apartamento, que não tínhamos nem acabado de montar.

Três meses depois ele me ligou de madrugada, bêbado, para dizer que iria se casar com a antiga noiva de Fortaleza e se mudar para lá. Nunca mais o vi. Recentemente, encontrei seu irmão, que me contou que ele está gordo, com a barba e os cabelos brancos, diretor de uma grande empresa, com dois filhos e, provavelmente, cheio de amantes, já que tem uma relação bastante fria com a mulher.

Durante muito tempo fantasiei que iríamos nos reencontrar e consertar todos os nossos erros, voltar a nos amar e, mais maduros, não brigar por bobagens. Já se passaram muitos anos e até hoje eu penso nele com amor e arrependimento. Não me arrependo da traição, pois ela foi só a gota-d'água de uma relação que iria acabar de qualquer jeito em função de nossa imaturidade. Arrependo-me de não ter percebido o quanto ter um amor como o nosso era algo tão especial que deveria ser preservado com extremo carinho e cuidado. Eu sabia que o amava demais, mas não sabia que nunca mais iria amar alguém. Eu era muito jovem para perceber a importância que teria aquela relação em toda a minha vida. Sinto culpa e arrependimento por ter sido tão imatura. Mas será que, naquela fase da minha vida, poderia ter sido diferente?

41

A associação entre um modelo típico de ser homem no Brasil e uma grande quantidade de parceiras sexuais é muito presente entre os pesquisados, apesar de estudos, realizados em diferentes países, mostrarem que o número de mulheres que os homens têm durante suas vidas não chega, em média, a uma dúzia. O Global Sex Survey, realizado em 2004, com mais de 350 mil pessoas de 41 países, mostrou que as pessoas ao redor do mundo têm, em média, 10,5 parceiros sexuais ao longo de suas vidas. Mais de um quarto (27%) tiveram apenas um parceiro, enquanto 21% fizeram sexo com mais de 10 pessoas. Homens têm mais parceiras sexuais em suas vidas (12,4%) do que as mulheres (7,2%). Os chineses tiveram mais parceiros sexuais (19,3) do que os brasileiros (15,2%), que estão em segundo lugar nessa competição.

Os amigos representam a pressão cultural com respeito à masculinidade, à virilidade, e a determinado modelo de ser homem estreitamente vinculado ao comportamento sexual. Usando a ideia de imitação prestigiosa, a de que os indivíduos imitam atos e comportamentos que têm êxito ou sucesso em suas culturas, é possível pensar que, na sociedade brasileira, o homem a ser imitado é aquele que transa com incontáveis mulheres ao longo de sua vida. Todos os pesquisados se percebem como distantes do modelo de masculinidade representado pelos amigos. Um modelo paradoxalmente próximo e impossível de ser imitado.

> Ao todo, até hoje, transei com 24 mulheres. Não é muito não. Tenho amigos que transam isso em um mês. Eu estou fora do padrão.

Um dia, de brincadeira, fiz as contas com um grupo de amigos e cheguei à conclusão de que foram 33. Os outros tiveram duas ou três vezes mais do que isso.

Ou meus amigos falam da boca para fora ou eles são mesmo o que dizem: sou homem, encontrei, deu mole, eu comi mesmo! Eu nunca consegui fazer isso. Tenho amigos que já transaram com mais de cem mulheres.

Paradoxalmente, os pesquisados, ao justificarem seus comportamentos, criticam os amigos pelo excesso de parceiras sexuais.

Os homens só querem competir com os amigos com a listinha de quem eles comeram.

Eu preciso me apaixonar para me relacionar sexualmente com uma mulher. Não dá para ser algo mecânico. Meus amigos têm uma postura bem machista a esse respeito. Dizem que o meu problema é que eu não sei separar paixão de sexo.

Eu não sou de falar que fui para a cama com tal e tal mulher. Tem uma piada clássica que é bem brasileira. O cara estava doido para transar com a mulher mais boazuda do escritório, que não dava para ninguém. Ele ficou meses dando em cima dela até ela concordar. Mas colocou uma condição: que ele não contasse para ninguém. Aí ele não quis. Afinal, que graça tinha se ele não pudesse contar depois? Homem transa só para poder contar para os amigos depois.

42

Depois do rompimento com o meu amor, tive que voltar para o meu apartamento. Queria muito ficar com o nosso apartamento, mas não tinha como pagar as prestações restantes. Não era muito, mas meu orgulho me impediu de pedir dinheiro para o meu pai. Foi um retrocesso na minha vida. Eu tinha comprado um apartamento lindo, com um homem que eu amava, com um homem que me adorava, cheia de planos para o nosso futuro, e agora voltava sozinha, mais de dois anos depois, para o mesmo lugar de onde tinha saído.

Estava tão desesperada que não tive outra escolha a não ser me anestesiar completamente. Passei a sair todas as noites, beber muito, tomar calmante, transar com um monte de caras de que nem lembro o nome ou o rosto. Costumava sair com cinco homens diferentes, um por dia, de segunda a sexta. No sábado eu repetia o que eu mais gostava e no domingo eu descansava, para poder trabalhar na segunda. Eram solteiros, casados, divorciados, velhos, jovens, bonitos, feios, altos, baixos, magros, gordos, brasileiros, chilenos, cubanos, italianos, americanos, brancos, negros, intelectuais, estúpidos, desde que eu não ficasse sozinha. Estava sempre ocupada, seduzindo e sendo seduzida, na rua, no trabalho, nas reuniões, nos bares. Conheci e transei com caras inacreditavelmente diferentes.

Uma noite de temporal, conheci um cara que trabalhava na bolsa de valores, na porta de um restaurante. Outro, desenhista, conheci na rua, quando ele me deu um sorriso. Um outro conheci em um bloco de carnaval de rua. Transei com um motorista de caminhão de lixo, no Uruguai. Com um italiano lindo em uma ilha da Costa Rica. Com um militar de alta patente dentro do Jardim Botânico. Com um comediante americano em Londres. Com um ator bissexual em São Paulo. Não sei como consegui administrar meu tempo para estar com tantos homens diferentes. Algumas vezes estava na cama com um e o outro tocava o interfone. O telefone não parava. Saía com um de manhã, encontrava outro à tarde e dormia com outro à noite. Não me envolvi seriamente com ninguém, era somente uma forma de passar o tempo e anestesiar o meu sofrimento. Nunca usei drogas. A bebida, os calmantes e os homens cumpriram esse papel. Trocava um pelo outro, ou eles desapareciam, mas logo apareciam outros para amenizar a minha dor.

Foi uma ótima experiência para constatar que, quando uma mulher não quer compromisso, não cobra nada, os homens ficam malucos atrás dela. Eu tinha pelo menos uma dúzia de homens à minha disposição. Era só ligar que eles vinham correndo.

Eu ainda tinha a esperança de voltar para o meu grande amor. Achava que ele iria sentir minha falta, me procurar e me perdoar. Foi só quando ele me ligou de madrugada, bêbado, para contar que iria se casar que percebi que ele nunca mais voltaria para mim. Foi o que eu precisava para cair na realidade. Eu só estava passando o meu tempo até ele voltar para mim, e isso nunca mais iria acontecer. Eu o perdi, para sempre.

Chorei, chorei, chorei, dias, semanas, meses. Chorei tanto que parecia que ia morrer. Eu o queria de volta. Eu queria consertar tudo. Eu queria o nosso amor, a nossa casa, a nossa vida, a nossa alegria, o nosso gozo. Eu queria até as nossas brigas. Eu lhe seria fiel para sempre. Mas ele não me queria mais, nunca mais. Ele queria ficar longe de mim, em outra cidade, com outra mulher, com outra vida. Ele fugiu de mim e da minha traição. Eu traí o grande amor da minha vida. Ele não me perdoou. Eu não me perdoo. Até hoje sinto falta desse amor. Até hoje choro quando me lembro dele. Nunca mais terei um grande amor.

43

A referência aos amigos também apareceu quando os pesquisados contaram como foi a primeira relação sexual. A idade de iniciação dos pesquisados variou dos 13 aos 25 anos. Nos depoimentos, aparece com ênfase o papel dos amigos como testemunhas da primeira vez, a violência da cobrança do grupo e a competição masculina.

A prostituta foi um personagem importante nesse momento: cinco dos nove pesquisados transaram pela primeira vez com uma. Os pesquisados que transaram com prostitutas iniciaram suas vidas sexuais mais cedo que os demais, entre 13 e 15 anos. Todos foram levados para a zona por amigos mais velhos. Um que nunca foi para a zona transou a primeira vez com a empregada de um amigo, aos 14 anos. Os dois pesquisados que disseram que foram para a zona, mas que não conseguiram transar com prostitutas, tiveram a primeira relação sexual aos 18 anos, com as namoradas. O último teve a primeira transa depois de casado, aos 25 anos.

> Eu tive muitas relações com prostitutas. Naquela época era empregada doméstica ou prostituta. Eu nunca quis transar com empregada. Prostituta era um programa, feito ir ao cinema. Saía com um grupo de amigos e ia para a zona. Eu nem sei quantas vezes eu fui. É a mesma coisa que tentar saber quantas vezes eu fui ao cinema.

> Eu ia por obrigação, senão pegava mal, meus amigos iam achar que eu era bicha. Eu me sentia muito mal, não gostava.

A primeira vez foi um horror, mas eu fingia que estava tudo bem. Acho que todo mundo fingia, porque era uma coisa muito violenta.

Eu transei a primeira vez aos 14 anos. Foi com a empregada de um amigo meu. Aquela velha história de empregada que dava para todo mundo. Este amigo transava com a empregada e, além dele, todo o prédio e os amigos de rua. Transei algumas vezes com ela, era uma coisa de ter que transar para se afirmar, para ser homem. Competição entre homens, entre amigos, para saber quem transou. Aquela polêmica, como se fosse um marco que muda a tua vida, muda o status, passa de adolescente para homem. Uma coisa de transar para mostrar a masculinidade e não por um desejo pela pessoa. Eu sempre evitei puta, nunca tive coragem de transar com puta, me amedrontava.

44

Após um longo período de desespero e de depressão, impactada pelo telefonema do meu amor, resolvi reestruturar minha vida. Não dava mais para continuar trocando de homem todos os dias. Essa maratona só foi possível enquanto eu estava esperando que ele voltasse para mim. Resolvi ser pragmática e escolher o homem que me parecia mais conveniente para superar a dor. Escolhi um cara muito mais velho do que eu, muito bem casado, dois filhos adultos, poderoso, rico, inteligente e engraçado. Parecia perfeito e, mais ainda, ele demonstrava gostar muito de mim.

Ele inventava reuniões, viagens, compromissos, durante o dia ou à noite, para ficar comigo. Fizemos algumas viagens juntos, para a Europa e para a América Latina. Uma extremamente romântica, para Veneza, no carnaval. Ele estava encantado com minha forma de ser, minha independência e, provavelmente, com minha juventude. Queria me dar coisas, me proteger, me ajudar. Talvez para me compensar pelo fato de ser casado. Insistiu em me dar um carro conversível, que eu recusei. Queria me ajudar financeiramente, mas, é óbvio, nunca aceitei.

Eu não queria que ele se separasse da mulher, não o amava e não queria me sentir culpada pelo fim de um casamento.

Conversávamos muito, ríamos muito, transávamos muito, mas não era nada tão forte para eu achar que poderia viver com ele, não depois de um grande amor. Eu não me preocupava com a opinião dos outros. Nunca me senti culpada por ele ser casado. Ao contrário, achava que estava ajudando a manter o casamento dele. Achava o máximo ser amante de um homem tão poderoso. Precisava muito de alguém que me amasse naquele momento. Estava seduzida pela sua enorme dedicação e esforço para ficar comigo. Ele adorava me exibir para os amigos. Eu era uma espécie de troféu: a amante bem mais jovem, inteligente, independente. Ele era tão presente que se tornou muito difícil outro cara se aproximar de mim. Mesmo assim, tive alguns casos. Já que era casado, ele não se sentia no direito de me cobrar fidelidade ou exclusividade.

45

Os amigos também apareceram quando os pesquisados relataram experiências em que broxaram. Fica evidente, nos depoimentos, o papel dos amigos como mecanismo de pressão, de controle e de acusação. São os amigos que regulam e determinam o que um homem de verdade (não) pode ou (não) deve fazer.

> Os homens nunca conversam sobre isso. Só gostam de dizer: comi fulana, ela é muito gostosa. Quando uma vez eu falei que broxei, meus amigos ficaram me olhando espantados. Depois cada um contou uma história parecida com a minha. Acho que isso acontece com todo homem, só que ninguém tem coragem de dizer.

> As mulheres estão muito exigentes, cada vez mais. Querem que nós sejamos delicados, atenciosos, femininos, mas também que sejamos fortes, poderosos e paguemos todas as contas. Tive uma namorada exatamente assim, ela exigia demais. Diria até que ela era autoritária. Na cama era um monte de ordens: chupa aqui, não mexa aqui, pega o óleo, não faça barulho, beija aqui, não me lambuza... Era tanta demanda que eu não conseguia ficar de pau duro. Só que nunca contei essa história para os meus amigos... Eles iriam pensar que sou veado.

> Eu sempre broxo com aquele tipo de mulher que se acha tão linda e gostosa que vai para a cama, abre as pernas e não faz nadinha para me excitar. Aquele tipo de mulher que

acha que o serviço todo é do homem. Broxo direto. Meus amigos, não. Eles até gostam deste tipo de mulher. Provam que são homens de verdade e fazem todo o serviço. Eu prefiro as mulheres que não são tão bonitas. Elas se esforçam mais para me agradar.

46

Uma vez achei que estava grávida. Ele me disse que assumiria o filho, mesmo que não fosse dele. Passei a admirá-lo ainda mais por essa atitude. Foi o homem mais próximo de um pai que eu já tive, em todos os sentidos, inclusive na diferença de idade. Até pelo fato de ele ser casado. Eu queria que nossa relação ficasse exatamente desse jeito. Mas ele se separou da mulher. Passou a dormir comigo todas as noites. Nossa vida ficou muito chata. Eu não suportava a presença dele, todos os dias, na minha casa. Não queria mais transar com ele. Comecei a sair com outros homens. Ele ficava meio jogado, sem saber o que fazer. Largou a mulher e agora tinha que conviver com uma jovem que não dava a menor bola para ele.

Tentei, inúmeras vezes, terminar tudo, mas sentia culpa: afinal, ele tinha se separado da mulher e dos filhos por minha causa. A situação foi ficando cada vez pior, até que um dia ele próprio resolveu o impasse. Ele me disse que estava interessado por outra mulher, quase trinta anos mais nova do que ele. Fiquei aliviada, mas, ao mesmo tempo, me senti mais uma vez rejeitada e abandonada.

Quando nos despedimos ele disse: Mônica, ela precisa de mim, você não precisa de ninguém, você é independente demais. Ela precisa de mim para cuidar dela, você não.

Foi uma ducha de água fria. Sempre achei que o que mais o encantava era, justamente, a minha independência. Já tinha vivido exatamente a mesma situação, com outros homens. Achava que eu era muito importante para eles e, logo após o nosso rompimento, eles se casaram e tiveram filhos. Aconteceu o mesmo com esse cara que parecia completamente louco por mim: casou e teve um filho. É o eterno retorno de Nietzsche. Mais uma vez acontecia a mesma coisa, mais uma vez eles encontraram uma mulher com quem imediatamente constituíam uma família.

O mais estranho é ver que todos continuam, até hoje, com a mesma mulher. Fica evidente que o que eles queriam era o que nunca tiveram comigo: uma mulher dependente, filhos, família, segurança, estabilidade, tranquilidade e, especialmente, fidelidade. Queriam se sentir importantes, valorizados, admirados, respeitados. Coisas que nunca consegui dar para um homem.

Tenho uma amiga que me disse uma coisa que nunca esqueci: Mônica, mulheres como nós são insuportáveis: somos exigentes demais, intolerantes demais, independentes demais, superiores demais, reclamonas, demandantes, autoritárias, mandonas, críticas, perfeccionistas. Nem nós mesmas aguentamos nossas chatices, como um homem vai aguentar? Mônica, nós somos mulheres impossíveis!

47

Fernando Gabeira, ao relatar sua experiência no exílio, contou a surpresa que teve com o comportamento das mulheres suecas, que tiravam os homens para dançar, convidavam para a cama, chamavam para sair. Gabeira disse que alguns homens ficavam impotentes diante dessa situação, impressionados e perturbados com o comportamento ativo e livre das mulheres suecas e com medo de serem identificados como homossexuais ao aceitarem um papel passivo.

Todos os meus pesquisados relataram alguma situação constrangedora em que uma mulher tomou a iniciativa. Mas disseram que acham um grande avanço não precisarem tomar a iniciativa o tempo todo e poderem recusar as propostas femininas. Todos contaram que já disseram não para uma mulher, ao menos uma vez em suas vidas.

> Comecei a receber poemas lindos de uma aluna, uma garota muito bonita e inteligente. Ela queria porque queria transar comigo. Eu acho que 99,9% dos homens brasileiros teriam transado com ela numa boa, ainda mais que ela estava pedindo. Mas eu achei que não, que ela estava fantasiando, e fiquei contente de poder ter agido assim.

> Eu já vivi situações muito complicadas com mulheres. A última foi em uma viagem de trabalho, e calhou de ter que ficar num quarto com uma colega. Ela não conseguia entender por que eu não transei nessa situação, ela

chegou inclusive a questionar a minha masculinidade. Começou a dizer que eu não era homem, que eu era veado. Foi uma barra.

Algumas mulheres são muito agressivas e apressadas quando querem sexo. Acho que não sabem seduzir. Eu sempre gostei do processo de sedução, algumas vezes até mais do que os finalmentes. Gosto de curtir passo por passo, o olhar, o sorriso, o primeiro toque na mão, o primeiro beijo, o segundo, o terceiro. Acho delicioso viver, devagar, o encantamento por uma mulher. A maioria já quer ir logo para a cama e ver o que dá. Comigo, não dá nada.

48

Depois de muitos anos de análise, descobri um mesmo padrão nas minhas relações. Esses casos que te contei representam dezenas de outros, menos longos e importantes, que terminaram da mesma maneira. Eu vou até o limite do cara, às vezes ultrapasso este limite, ele vai embora e eu me sinto rejeitada.

Segundo o meu analista, estou buscando um amor incondicional, alguém que nunca me abandone, quero 100% de amor e de atenção. Tenho esse sentimento de abandono muito forte, pelo que aconteceu com minha mãe e com meu pai. Faço o impensável com o homem que está comigo para provar que ele nunca me abandonará. Só que, é claro, ele me abandona. Por mais que tenha sido eu que tenha provocado ou desejado a separação, encontro um meio de me sentir rejeitada. Sofro durante um tempo com essa rejeição e logo embarco em outra relação que acabará da mesma maneira.

Na primeira relação, eu ultrapassei todos os limites possíveis, e ele continuou comigo. Só saiu de casa quando eu quis. O casado acabou se separando da mulher para ficar comigo. Logo me cansei dele. E com o meu grande amor, mesmo sabendo que ele jamais perdoaria uma infidelidade, eu tive um caso com um cara que não significou absolutamente nada para mim. Em todos os casos eu fui infiel. Mesmo quando estava profundamente apaixonada.

Não é desejo ou insatisfação sexual com o parceiro, é uma necessidade de ser livre. É medo de ser dominada, controlada, submissa a um homem. Preciso dessa liberdade, mesmo tendo que pagar um preço tão alto. Tenho que me sentir dona da minha vida, do meu corpo, do meu prazer. Não abro mão da minha independência. Com certeza foi isso que gerou tantas brigas com meu amor. Ele não cedia aos meus desejos, como os outros.

Nenhum homem se sente seguro comigo. Eles sabem que eu posso me separar a qualquer momento ou ser infiel. Eles se sentem irrelevantes em todos os níveis: sexual, econômico, afetivo, intelectual. Acho que por isso eles se casam tão rapidamente. Encontram mulheres que precisam deles, com as quais se sentem importantes.

Todos me disseram: Mônica, você é muito independente, você não precisa de mim.

Eu, que sempre acreditei ser tão especial na vida deles, fiz com que eles se sentissem desvalorizados, desrespeitados, desnecessários. Não consegui ter um projeto comum, filhos, família, casa. Não deixei que cuidassem de mim. Não deixei que fossem fiéis a mim. Daí a facilidade com que encontraram mulheres que lhes deram tudo o que nunca consegui dar a um homem.

49

Os homens que pesquisei se classificaram em monogâmicos e poligâmicos. Apenas dois se disseram poligâmicos, exatamente os que tiveram mais parceiras sexuais e mais relações extraconjugais.

Em uma contabilidade conjugal, os monogâmicos são aqueles que acham que o natural é amar e fazer sexo com uma única mulher. Para os monogâmicos trair a mulher é se dividir. É uma perda, não um ganho. Para os poligâmicos, não existe essa ideia de divisão quando se é infiel, mas a de soma, talvez até de multiplicação, da experiência, do prazer e da aventura. Ser infiel é um ganho, desde que não ameace o casamento.

O modelo monogâmico é de um mais um se tornando um (o casal). Já o poligâmico é de um mais um continuando a ser um mais um. Não existe a dissolução da individualidade em função do casal. Os poligâmicos se aproximam da visão masculina mais tradicional, que separa sexo de afeto. Já os monogâmicos estão mais próximos das representações sobre o feminino, associando sexo e amor.

A classificação em monogâmicos ou poligâmicos não está diretamente relacionada ao comportamento efetivo, mas a uma percepção das razões e consequências do comportamento infiel. Somente assim é possível compreender por que os pesquisados que se declaram monogâmicos já foram infiéis.

50

Gostaria de ter vocação para ser uma mulher forno e fogão. Ter uma casa, uma família, filhos, empregada, babá. Ser aquele tipo de mulher que faz beicinho e consegue tudo o que quer, que desfila com carro e chofer, que não tem limite para gastar no cartão de crédito e, principalmente, que não tem que trabalhar.

Sinto-me exausta de ter que resolver tudo, viajar por motivos profissionais, fazer o imposto de renda, pagar todas as contas, resolver os problemas do computador, tentar escrever algo inteligente. Li em uma matéria que 78% dos brasileiros se dizem infelizes no trabalho e que só 18% estão satisfeitos. Devo estar entre os 4% que restaram, pois oscilo entre uma paixão absurda pelo meu trabalho e um enorme cansaço de ter que batalhar todos os dias por um lugar no meio jornalístico, de lutar pelo respeito dos meus colegas, de ter que provar o tempo todo que tenho algum valor. Estou exausta de tantas viagens, das infinitas demandas e da constante competição. Cansada das pessoas mesquinhas, medíocres, babacas e invejosas que estão em todos os lugares.

Tenho esta fantasia, muitas vezes: como deve ser gostoso ser uma mulher forno e fogão. Aqueles homens maravilhosos, que já foram meus, protegendo e cuidando de suas mulheres que não têm que provar o tempo todo o próprio valor. Eles pagando todas as contas, elas indo para o salão para ficarem lindas para eles. Eles trabalhando o dia inteiro, elas caminhando na praia ou indo para a academia para ficarem magras e durinhas para eles. Eles preocupados com a crise econômica, elas fazendo massagem ou terapia para ficarem leves para eles. Eles se sentindo necessários e importantes para elas, elas se sentindo desejadas e amadas por eles. Eles se sentindo cuidados por elas, elas se sentindo protegidas e seguras com eles. Como invejo as mulheres forno e fogão!

Minhas amigas me cobram muito pelo fato de eu não ter filhos. Dizem que vou me arrepender, que estou sendo egoísta, individualista, que só me preocupo comigo mesma, que é a experiência mais importante na vida de uma mulher, que vou ter uma velhice solitária. É estranho, mas todas as mulheres, das mais próximas às desconhecidas, se acham no direito de opinar sobre a minha decisão de não ter filhos. Quando digo que realmente não quero, vem, imediatamente, a pergunta: por que você não adota?

Nenhum homem, mesmo o meu grande amor, cobrou tanto um filho meu quanto as mulheres. Elas acreditam ter um conhecimento único da experiência da maternidade e, por essa superioridade, tentam me converter a ela. Acham que não sou normal por nunca ter desejado ou tentado ser mãe. Uma amiga chegou ao cúmulo de me perguntar: Mônica, como você pode ter certeza que não quer ter um filho se não passou por essa experiência? O maior paradoxo: eu só poderia saber se quero ou não quero um filho se tivesse um.

Quando estou insegura e cansada, penso em como deve ser gostoso ter uma família feliz e saudável, um marido fiel, um casal de filhos lindos, um gatinho angorá e uma empregada para cuidar da casa e fazer o jantar. Anseio por um marido apaixonado que, mesmo após muitos anos de casamento, continue fazendo amor comigo (e só comigo), pelo menos duas vezes por semana.

51

Para os que se disseram monogâmicos, a infidelidade é percebida como um sintoma de uma grave crise. A crise pode ser do casamento ou individual. Para estes, a crise deve ser superada ou o casal deve se separar. A traição é considerada uma patologia, uma doença, um problema inaceitável. Os monogâmicos defendem um relacionamento afetivo e sexual pleno com uma única mulher, que reúna amor, desejo, amizade, companheirismo, prazer.

> Queria ver essas pessoas que se dizem tão abertas, o cara completamente apaixonado pela mulher e ela tendo um caso. Eu acho que o natural, quando se ama, é um desejo de exclusividade. Você não tem vontade de ter mais ninguém, não dá para se dividir, não dá para estar pela metade com uma mulher. Ou a entrega é total ou não é amor. Eu vou te contar porque eu sou monogâmico: eu sou um cara apaixonado. Quando o sujeito está apaixonado, ou ele tem uma ou ele acaba e vai ter outra. Não dá para ter duas. Eu não consigo me apaixonar por duas mulheres. Isso impede esse uso machista de dizer que dá para ter três, quatro, cinco ao mesmo tempo. Eu não posso. Eu jamais seria um daqueles coronéis com duas casas.

Um dos pesquisados disse que é monogâmico por preguiça, já que a traição dá muito trabalho. Na sua lógica, administrar as demandas de uma única mulher já é extremamente cansativo e difícil. Administrar as exigências e cobranças de duas ou mais mulheres seria, para ele, impossível.

Hoje, as mulheres cobram dos homens bom desempenho em todos os domínios e, ainda por cima, exigem que sejam mais afetivos e sensíveis. Não consigo nem imaginar como um homem consegue ter duas mulheres ao mesmo tempo. Os meus amigos que têm amantes sofrem, passam mal, vivem se escondendo, vivem mentindo. É como se estivessem comendo escondido ou tendo um prazer escondido que não podem contar para ninguém. Agem como criminosos. Deve ser uma loucura para a cabeça do cara administrar o tempo, mentir, enganar, ficar correndo de um lado para o outro. Eu não tenho a menor vocação para esse tipo de vida. Trair dá muito trabalho. É muito estresse. Tenho preguiça só de pensar no trabalho que dá trair. Não quero confusão, mentir, me esconder, ter medo de ser descoberto, cair em contradição. É a maior paranoia. E ainda aguentar a desconfiança e cobrança de duas mulheres. Não vejo muita vantagem. Qual é a graça? Prefiro ficar só com uma e não ter confusão. Aliás, já basta a cobrança de uma. Já é muito!

52

Você vai me achar contraditória com o que vou dizer agora. Fico extremamente decepcionada quando um casamento termina. Acho que quando um casal vive junto durante anos, passa por tantos momentos diferentes, tem uma memória construída conjuntamente, o casamento é uma espécie de patrimônio que deve ser preservado. Deveria existir tombamento para casamentos. Estão tombados, não podem ser destruídos, não podem construir um novo casamento naquele lugar. O ideal seria que, de alguma forma, aquela história fosse preservada, cuidada, mantida.

Tudo bem se fosse um casamento à moda antiga, sem respeito, em que existisse algum tipo de violência. Mas quando o casal é realmente amigo, quando existe respeito e admiração, e o casamento termina porque ele encontrou uma amante mais jovem ou porque ela não suporta mais o ronco do marido, eu fico realmente desapontada. Principalmente quando eles têm intimidade, amizade, cumplicidade, coisas raríssimas nos dias de hoje. Quando aprenderam tanto sobre o outro e sobre si mesmo, suas virtudes e defeitos, seu gosto, seu cheiro, sua comida preferida, seus tiques nervosos, seus medos, seus sonhos, sua cor predileta, suas rugas, suas imperfeições. Como abrir mão de tanta história de vida? Qual a graça de começar tudo de novo com alguém que é um completo estranho na sua vida?

Li recentemente que um pesquisador da Universidade de Cambridge apostou que será possível que o ser humano viva até mil anos se forem reparados os danos moleculares e celulares que ocorrem no organismo ao longo do tempo. Se isso fosse possível, imaginou ficar trocando de parceiros, infinitas vezes, começar tudo de novo e de novo e de novo? Sei que não existe lógica nas questões de amor, mas eu fico tentando compreender o que move essas pessoas que lutaram para construir um casamento e depois abrem mão disso, às vezes por fantasiar algo que nunca irão conseguir concretizar, ou por motivos muito banais.

Não sou o melhor exemplo de vida para defender o casamento. Aliás, sou o pior exemplo do mundo nessa questão. Mas, talvez por isso mesmo, eu fique realmente triste quando vejo meus amigos se separando de alguém que foi e é tão especial para eles, sem saber que não terão a menor chance de consertar o que talvez seja o maior erro de suas vidas. Sei que irão se arrepender para sempre e sentir enorme saudade, inclusive daquilo que provocou a separação: as pequenas brigas, as intolerâncias mútuas, as chatices de cada um. Como aconteceu comigo e com o amor da minha vida.

53

Monogâmicos e poligâmicos usam argumentos semelhantes para justificar os seus comportamentos e para acusar uns aos outros. As oposições natureza/cultura, indivíduo/sociedade, liberdade/submissão, coragem/covardia, verdade/mentira servem ora para justificar os monogâmicos, ora para explicar os poligâmicos, ora para acusar os monogâmicos, ora para acusar os poligâmicos.

Para os monogâmicos, o homem infiel é frágil, carente, imaturo, infantil, covarde, burguês. Acham que os homens traem porque se submetem a uma cultura que valoriza a imagem do homem infiel. Os monogâmicos falam de uma natureza masculina mais propensa à infidelidade, mas acreditam que ela deve ser controlada em favor de algo muito mais importante, que é o compromisso amoroso.

Para os que se dizem monogâmicos, a fidelidade é percebida como uma necessidade amorosa e a infidelidade, como um sintoma de que o casamento enfrenta crises ou sérios problemas. A exclusividade sexual é vista como necessária para a sobrevivência do casal e como um desejo natural de quem ama e quer preservar a relação acima de tudo.

> O relacionamento extraconjugal é um sintoma de outra coisa. Por que aconteceu isso? O que isso revela do casamento? Caiu na monotonia? Então o casal tem que conversar muito para ver as decisões que devem ser tomadas. Ou separa ou tenta recuperar o fogo primitivo. Se eu sentisse desejo de transar com outra mulher, antes disso eu iria

tentar conversar com a minha esposa e tentar ver o que está acontecendo entre nós. O que seria extremamente prejudicial é esconder, enganar, empurrar com a barriga.

O argumento de alguns homens para a poligamia é que no mundo inteiro tem mais mulheres do que homens, então é necessário que o homem tenha mais de uma mulher. Parece mais uma desculpa de quem está querendo sair por aí soltando a franga do que uma coisa sincera. Também acho que é um folclore, um pretexto baixo para você pular a cerca, dizer que é porque vai melhorar o casamento, como muitas pessoas dizem. Acho que a maioria não tem a coragem de dizer por que tem uma outra, pois no meu meio social isso pega muito mal. Logo as pessoas pensam: e a sua mulher, como está se sentindo sendo traída?

54

Aos 20 anos, eu imaginava uma relação perfeita aquela em que o casal ficava a noite inteira na cama, de mãos dadas, olhando para o teto, conversando sobre tudo e sobre nada. Aos 30, achava que o casal perfeito era aquele que transava a noite toda, sem parar e sem cansar, inventando novas formas de ter e de dar prazer um ao outro. Hoje, para mim, o casal perfeito é aquele que tem intimidade, amizade, respeito, confiança. Uma relação tranquila, prazerosa, calma. Uma paz que permita a um e outro estar na relação e no mundo sem medos, sem inseguranças, sem desconfianças, uma sensação gostosa de conforto e de aconchego. Acho imaturidade trocar uma amizade profunda por uma paixão que, todo mundo sabe, termina tão rapidamente quanto começa. Sinceramente, acho que sexo é uma coisa muito fácil de encontrar. Combinar e viver junto com alguém durante muitos anos é muito mais difícil. Com defeitos, com qualidades, sem fantasias. Alguém real, imperfeito, humano, demasiadamente humano.

Por isso, não quis que um ex-namorado, que era casado, se separasse. Fiquei muito triste com essa decisão dele. Não só pela esposa, nem pelos dois filhos, mas pela imaturidade dele. Ainda mais quando, depois de mim, ele se casou com uma mulher muito mais jovem. O filho e o neto dele têm a mesma idade. Sei lá, pode ser até preconceito, mas acho ridículo, para não dizer patético.

Outro dia, caminhando na praia, encontrei com ele. Conversamos bastante, como antigos amigos e amantes. Ele me contou que estava tomando Viagra, pois a atual mulher reclama muito da performance sexual dele. Achei estranhíssimo. Quando estávamos juntos, transávamos todos os dias. Alguns dias, várias vezes seguidas. Pode ser porque agora ele está mais velho, pode ser porque a nova esposa é mais jovem. Disse que ela reclama que ele não ganha muito, que ele não consegue satisfazer todos os seus desejos de consumo. Ele me pareceu atormentado, fazendo muito esforço para que esse casamento funcione. Ele deve ter achado que iria rejuvenescer, com uma mulher mais jovem e um bebê. Só que está muito mais velho e não me convenceu de que está mais feliz.

55

André Béjin, ao analisar os relacionamentos atuais, mostra a tensão e as exigências dos cônjuges, que muitas vezes impossibilitam sua viabilidade ou duração. Pesado encargo, diz ele, ser a um só tempo, para as pessoas com quem se compartilha a vida, o amante, o esposo, o amigo, o pai ou a mãe, o irmão ou a irmã, o confidente, o confessor. Compreende-se que alguns de nossos contemporâneos considerem uma relação conforme esse ideal, e que dura, uma verdadeira façanha. Esse ideal de totalidade com a esposa apareceu nos depoimentos dos monogâmicos.

Para os monogâmicos, a esposa é, ou deve ser, tudo: amiga, amante, companheira, parceira, cúmplice. Ela deve ser o equivalente de todas as mulheres do mundo, sem faltas ou vazios que poderiam ser preenchidos por outras. Ela é única, especial, plena, insubstituível. Apenas crises conjugais ou pessoais justificariam a presença de outra mulher, o que provocaria uma ruptura do casamento ou uma renegociação do pacto conjugal. A amante, nesses casos, jamais apareceria como um dos suportes da relação, um acessório necessário para a sua continuidade. A relação desejada é apenas entre um homem e uma mulher que se amam e se desejam mutuamente.

> Eu não acredito naquele dito popular: mulher faz sexo para ter amor e homem faz amor para ter sexo. É um clichê que as mulheres adoram repetir: mulher quer amor e homem

só quer sexo. Acho que aquele cara que para trair basta ver uma mulher dando mole está completamente ultrapassado, fora de moda.

Para os monogâmicos tudo deve ser compartilhado: o trabalho, a casa, o lazer, o prazer, os problemas, os filhos, os livros, os filmes, os amigos, as famílias, as crises. Os dois se transformam em uma única entidade, e as individualidades se dissolvem em prol do casal.

> A gente conversa sobre tudo, não há nada proibido entre nós. Essa foi uma das coisas que mais me atraíram nela: a sua sinceridade e abertura. Inclusive, como éramos os dois virgens quando nos conhecemos, conversávamos sobre nossas inibições, nossas dúvidas, nossos medos. Ela é minha companheira em todos os níveis, adoramos sair juntos, viajar, ficar em casa, conversar sobre nossos trabalhos. Não precisamos de mais ninguém.

Quando perguntei para os homens que pesquisei: existe alguma mulher inesquecível na sua vida?, tive respostas do tipo: minha mulher, ela é a mulher da minha vida; minha esposa, ela me fez crescer como homem; minha companheira, ela me transformou em um novo homem.

Ouvi dos meus pesquisados a seguinte máxima: o homem brasileiro quer ser o primeiro na vida de uma mulher; já a mulher brasileira quer ser a única na vida de um homem.

A mulher inesquecível, para eles, é aquela que ensina, transforma, instiga, provoca, desafia. Não é alguém que quer mudar o marido com suas críticas, reclamações, cobranças e exigências. Eles querem mudar espontaneamente, para corresponder ao que será amado, admirado ou reconhecido pela "mulher da minha vida".

Uma ideia recorrente aparece nos depoimentos sobre a mulher inesquecível: Ela me ensinou a ser alguém que eu sempre quis ser; ela me fez estudar o que sempre quis estudar mas achava que não tinha capacidade; ela me fez investir muito mais seriamente no meu trabalho; ela mudou completamente o meu modo de vestir e de agir, eu era muito infantil antes dela; ela me abriu o mundo da filosofia e dos livros; se hoje estou fazendo doutorado, é mérito dela, eu nunca conseguiria sozinho.

Há uma característica fundamental para se tornar uma mulher inesquecível: ela deve provocar a admiração do parceiro. A mulher inesquecível não é necessariamente bonita, jovem, gostosa ou sexy, dizem. Outros capitais são muito mais importantes para uma mulher se tornar inesquecível: a capacidade de ensinar algo, de mudar a visão de mundo, de introduzir a mundos novos, de ser companheira, cúmplice, carinhosa, atenciosa, compreensiva. O poder que ela tem decorre do parceiro acreditar que se tornou um homem melhor do que era antes de conhecê-la.

> Quando eu comecei a namorar minha mulher eu usava óculos enormes, roupas largas, cabelos muito compridos, um bigode ridículo, quase não lia, não ia ao cinema ou ao teatro, tinha um emprego péssimo, ganhava uma miséria. Ela mudou completamente a minha vida, sou outro homem depois dela, todo mundo reconhece isso. Ela é a mulher da minha vida, sem ela minha vida não teria o menor sentido.

56

Queria contar uma coisa que lembrei quando estava vindo te encontrar. Cobri para o jornal várias histórias de traição masculina. Acho que me consideram uma especialista no tema, pois sempre me pautam para esses casos. O primeiro foi o do Clinton, que quase o derrubou como presidente dos Estados Unidos. Perguntei para homens e mulheres se achavam que o Clinton traiu ou não a Hillary já que, como ele argumentava, foi só sexo oral. Todos os homens disseram que não foi traição, que sexo oral não é sexo, que sexo de verdade tem que ter penetração. Todas as mulheres que entrevistei disseram que foi sim traição e disseram que não compreendiam como a Hillary perdoou o marido.

Também cobri o caso do príncipe Charles. Neste, as mulheres e os homens não se conformavam pelo fato de o príncipe ter trocado uma princesa linda por uma mulher mais velha, feia e desajeitada. Teve o caso do ator Hugh Grant, namorado da belíssima atriz Liz Hurley, que foi flagrado, dentro do carro, com uma prostituta fazendo sexo oral nele. O ator Ethan Hawke, que traiu a atriz Uma Thurman com uma stripper, logo após o nascimento do segundo filho. O ator Jude Law que traiu a atriz Sienna Miller com a babá do filho. É infinita a lista de mulheres lindas, ricas, poderosas e famosas, traídas por seus maridos, com outras nem tão lindas, ricas, poderosas ou famosas.

Um dos casos mais polêmicos que cobri foi o do Chico Buarque, que deu um beijo em uma mulher casada, na praia do Leblon, dentro do mar. Ela, uma fotógrafa casada, mãe de dois filhos, imediatamente se tornou alvo da inveja de boa parcela da população brasileira. Casadas, solteiras, noivas, não faltaram mulheres que gostariam de estar no lugar da felizarda. Um homem casado que entrevistei disse que se a esposa dele o traísse com o Chico Buarque ele entenderia perfeitamente. Que nem consideraria uma traição, mas um motivo de orgulho. Afinal, uma mulher que é desejada pelo Chico Buarque deve ser uma mulher muito especial.

> Com o Chico pode, com o Chico é covardia. Que mulher teria forças para resistir ao Chico? A minha, com certeza, não. Mas eu entenderia perfeitamente. Acho que até eu balançaria se o Chico Buarque quisesse me beijar. E olha que eu não sou veado!

57

André Béjin acredita que a concepção de infidelidade mudou nas últimas décadas. Antes existia uma dupla moral: a exigência de uma fidelidade estrita por parte da mulher e a aceitação de uma fidelidade relativa por parte do homem. Esta dupla moral estava ligada ao fato de que a maternidade era uma certeza e a paternidade, uma crença. Para o autor, hoje não existe uma norma de fidelidade universalmente aceita. Tampouco existe anomia, vazio normativo. Os casais querem ser fiéis, tanto para respeitar seus compromissos quanto porque estão convencidos de que é de seu interesse. A situação relativamente simétrica e igualitária de uma união tende a aumentar o risco de represálias da parte do parceiro enganado e o risco de destruição da relação.

Um dos monogâmicos da minha pesquisa disse: quero que minha esposa seja a minha Outra. Com isso, ele revelou o desejo de romper com a dualidade: mulher da casa/mulher da rua, mulher das obrigações/mulher do prazer, mãe-esposa/puta, rotina/aventura, amor/sexo, buscando reunir em uma única mulher características percebidas como antagônicas.

> Eu quero que a minha esposa seja a minha Outra. Não quero ter uma amante, não quero precisar ter uma amante. Quero continuar com tesão pela minha mulher, como tenho, mesmo ela envelhecendo, ficando gordinha, cheia de rugas e de celulite. Ela é minha companheira de papos, cinemas, viagens, restaurantes. Gosto de nossas brigas e reconciliações, de nossas diferenças. Gosto do seu corpo, do seu cheiro, do seu gozo. Não quero ter Outra, não quero mentir, não quero trair minha melhor amiga.

58

Já experimentei todos os tipos de relacionamentos. Mesmo com um mesmo homem, já vivi diferentes papéis: fui amante, namorada, companheira, caso, aventura. Nunca casei legalmente, mas já morei com alguns homens. Saí com jornalistas, professores, atores, políticos, militantes, intelectuais, músicos, poetas, engenheiros, físicos, filósofos, médicos, psiquiatras, motoristas, bancários, desempregados, aposentados. Namorei um cara que me roubou dinheiro. Outros que cheiravam cocaína e fumavam maconha. Muitos alcoólatras. Alguns muito ricos, outros tão duros que eu tinha que pagar todas as contas. Muitos bem mais velhos, outros bem mais jovens. Caras que broxavam, outros que transavam sem parar. Uns que preferiam uma massagem a uma transa, outros que só queriam minha companhia, uns bem rodados, outros, inexperientes, bissexuais, caretas, fiéis, infiéis, calados, tagarelas, famosos, anônimos, com carro, sem carro, com casa, sem casa, com filhos, sem filhos, com netos, sem netos.

Nunca faltou homem na minha vida mesmo em uma idade em que as mulheres reclamam de falta de homem no mercado. Isso não tem nada a ver com o meu poder de sedução, mas com a capacidade que tenho de encontrar algum detalhe que me interesse mesmo naquele tipo de homem completamente desprezado pelas minhas amigas. Até nestes, descubro algo interessante: a voz, o jeito de beijar, a ingenuidade, a forma de organizar a casa, a fragilidade, um detalhe que passa despercebido por aquelas que buscam um homem perfeito. Tenho uma vida excepcionalmente rica de homens justamente porque encontrei milhares de coisas para gostar em tantos caras diferentes.

Foram muitos homens, incontáveis, alguns não lembro o nome, outros não recordo o rosto, muitos não lembro nem o momento que vivemos. Quando escuto minhas amigas dizendo que falta homem no mercado, acho muito estranho. Nunca me preocupei com isso. Uma coisa é a estatística, outra, bem diferente, é cada mulher e cada homem em sua vida concreta. Minha vida não pode ser enquadrada em nenhuma estatística sobre a mulher brasileira. Sempre tive a minha grana, nunca dependi de nenhum homem, não quis ter filhos, não casei legalmente, trabalho desde cedo, ganho bem, tenho minha casa, nunca fiz plástica, não pinto meu cabelo de loiro, não faço dietas malucas. Simplesmente ignoro as estatísticas, pois sei que não me enquadro em nenhuma delas.

Não me sinto tão especial a ponto de exigir demais de um homem. Sei que posso viver muito bem sem eles. Só que, na prática, isso nunca ocorreu. Sempre tenho pelo menos um homem para chamar de meu. O que não significa que eu não me sinta absolutamente só neste mundo. Tão só que, muitas vezes, entro em desespero ou tenho ataques de pânico em momentos em que tenho que decidir coisas aparentemente simples, como qual a melhor aplicação para o meu dinheiro ou se devo ou não aceitar um convite profissional.

A contrapartida dessa vida que escolhi é a falta de ilusão de que alguém vai cuidar de mim, vai dividir as responsabilidades comigo, vai me ajudar a tomar decisões. É a ausência da fantasia de que alguém vai me proteger da violência, da maledicência, da agressividade das pessoas com quem convivo no meu dia a dia. Sinto-me completamente só e desamparada, a mesma garotinha frágil e desprotegida que perdeu a mãe. Tenho muito medo de ser destruída por aqueles que não gostam de mim, não me aceitam ou me invejam. Tenho medo de morrer sufocada durante meus ataques de pânico.

Tive, desde cedo, que aprender a sobreviver sozinha, mas isso não me tornou uma pessoa mais forte, muito pelo contrário. Com tantos anos de análise, sei que essa quantidade de homens na minha vida significa que não tenho nenhum, que nunca tive uma relação plena. Sei que é uma forma de fugir de uma entrega verdadeira. Pois tenho consciência de que esse tipo de entrega pode custar a minha própria vida.

59

O fato de os pesquisados se classificarem como monogâmicos não significa que tenham sido fiéis às suas esposas. Dos sete que se definiram como monogâmicos, apenas dois nunca tiveram relacionamentos extraconjugais. Existe uma distância evidente entre os discursos deles como monogâmicos e os seus comportamentos efetivos como infiéis. Os monogâmicos infiéis revelam a discrepância entre os valores defendidos, os discursos justificativos e os comportamentos efetivos.

Os monogâmicos infiéis buscam justificar a própria infidelidade por razões que se encontram fora de seu controle. Os motivos mais apontados por eles são: crise pessoal, problemas no casamento, necessidade de autoafirmação, imaturidade, carência, fragilidade, assédio feminino.

> O único caso que eu tive durante o meu casamento foi iniciativa de uma aluna minha. Eu não estava muito a fim, mas ela insistiu muito e eu me deixei envolver. Era um momento em que eu estava vivendo uma crise pessoal muito grande, foi uma coisa de autoafirmação, de carência.

> Eu sou naturalmente fiel, não tenho nenhuma inclinação para transar fora do casamento. Eu sempre fui uma pessoa completamente monogâmica até que desisti de investir no meu casamento, decidi que queria me separar. Aí me coloquei disponível para encontrar uma outra pessoa.

Nenhum monogâmico apontou o desejo por outra mulher ou a necessidade de uma aventura como motivo para a infidelidade. Os monogâmicos infiéis disseram que sofreram muito e se arrependeram da traição que, acreditam, não se repetirá. A infidelidade não é uma situação desejada ou esperada, mas um acidente de percurso que deve ser corrigido: com o rompimento ou com a reestruturação do casamento.

60

Não sou antropóloga como você, mas acho que tenho vocação. Mesmo quando não estou trabalhando, gosto de ficar observando o comportamento das pessoas, principalmente dos casais. Gosto de ver como eles ficam em silêncio, sem ao menos se olhar, quando são mais velhos. Ou quando se beijam e se olham apaixonadamente, quando iniciam uma relação. Sei quando uma mulher é amante de um homem casado só pela alegria dela em estar em um lugar público com ele. Às vezes, no cinema, percebo a carência de uma garota que quer ficar abraçada com o namorado e ele a rejeita. Mas o que mais vejo são casais profundamente infelizes, mulheres irritadas com seus maridos e homens intolerantes com suas esposas.

Depois de tantos anos de observação participante, como você diz, eu não acredito no amor. Acho que não existe nada que se possa definir como amor.

Sei o que é amizade, respeito, admiração. Sei o que é desejo, paixão, tesão. Sei o que é conforto, tranquilidade, compreensão. Sei o que é ódio, rejeição, competição, inveja, mas não sei o que é amor. Na verdade, só amei uma vez na vida. Se existe amor, eu amei este único homem. Mas acredito na paixão, no tesão, na amizade, na intimidade.

Não acredito que preciso ser irracional, ilógica, estúpida, infantil quando estou apaixonada. Consigo ser lógica, objetiva e até pragmática quando estou apaixonada. Consigo avaliar os custos e benefícios da relação, ponderar, escolher.

Já sofri muito, não sei se por amor ou se pela rejeição dos que deixaram de me amar. Desde o primeiro, o bigodudo. É óbvio que o início desastroso da minha vida sexual foi determinante para essa busca de uma relação racional, conveniente, controlável. Só que, como você vai ver, nem sempre a minha teoria funciona na prática.

61

Infidelidade
Luís Fernando Veríssimo

— Eu jamais fui infiel a minha mulher, doutor.
– Sim.
– Aliás, nunca tive outra mulher. Casei virgem.
– Certo.
– Mas, desde o começo, sempre que estava com ela, pensava em outra. Era a única maneira que conseguia, entende? Funcionar.
– Funcionar?
– Fazer amor. Sexo. O senhor sabe.
– Sei.
– No princípio, pensava na Gina Lollobrigida. O senhor se lembra da Gina Lollobrigida? Por um período, pensei na Sofia Loren. Fechava os olhos e imaginava aqueles seios. Aquela boca. E a Silvana Mangano. Também tive a minha fase de Silvana Mangano. Grandes coxas.
– Grandes.
– Às vezes, para variar, pensava na Brigitte Bardot. Aos sábados, por exemplo. Mas para o dia a dia, ou noite a noite, preferia as italianas.
– Não há nada de anormal nisso. Muitos homens...
– Claro, doutor. E mulheres também. Como é que eu sei que ela não estava pensando no Raf Valone o tempo todo? Pelo menos eram da mesma raça.

– Continue.

– Tive a minha fase americana. A Mitzi Gaynor.

– Mitzi Gaynor?!

– Para o senhor ver. A Jane Fonda, quando era mais moça. Algumas coelhinhas da *Playboy*. E tive a minha fase nacionalista. Sônia Braga. Vera Fischer. E então começou.

– O quê?

– Nada mais adiantava. Eu começava a pensar em todas as mulheres possíveis. Fechava os olhos e me concentrava. Nada. Eu não conseguia, não conseguia...

– Funcionar.

– Funcionar. Isso que nós já estávamos na fase da Upseola.

– Upseola?

– Uma vez por semana e olhe lá. Mas nada adiantava. Ate que um dia pensei num aspirador de pó. E fiquei excitado. Por alguma razão, aquela imagem me excitava. Outro dia pensei num Studebaker 48. Deu resultado. Tive então a minha fase de objetos. Tentava pensar nas coisas mais estranhas. Um daqueles ovos de madeira, para cerzir meia. Me serviu duas vezes seguidas. Pincel atômico roxo. A estátua da Liberdade. A ponte Rio-Niterói. Tudo isto funcionou. Quando a minha mulher se aproximava de mim na cama eu começava, desesperadamente, a folhear um catálogo imaginário de coisas para pensar. O capacete do *kaiser*? Não. Uma Singer semiautomática? Também não. Um acordeom, quente, resfolegante... Mas, depois de um certo tempo, passou a fase das coisas. Tentei pensar em animais. Figuras históricas. Nada adiantava. E então, de repente, surgiu uma figura na minha imaginação. Uma mulher madura. O cabelo começando a ficar grisalho. Olhos castanhos... Era eu pensar nessa mulher e me excitava. Até mais de uma vez por semana. Até às segundas-feiras, doutor!

– E essa fase também passou?

– Não. Essa fase continua.

– Então, qual é o problema?
– O senhor não vê, doutor? Essa mulher que eu descrevi. É ela.
– Quem?
– A minha mulher. A minha própria mulher. Me ajude, doutor!

62

Você já ouviu horas e horas da minha vida. Na verdade, não foi para te falar sobre a minha família ou meus casos amorosos que te procurei. Não foi para te usar como analista ou como amiga. Não foi para confessar meus pecados. Não foi para você me dar algum conselho ou opinião sobre o que é certo ou errado, ou para diagnosticar o meu problema ou desvio.

Depois que li seus livros, principalmente o *Toda mulher é meio Leila Diniz*, eu comecei a pensar o que é ser realmente uma mulher livre, coerente, sem contradições entre o que diz e o que faz, como é possível construir uma vida fugindo dos modelos tradicionais de ser mulher, tendo coragem de pagar o preço por seguir a própria vontade.

Por mais que eu queira ser meio Leila Diniz, por mais que eu seja independente economicamente, sem filhos e sem um casamento tradicional, há alguns meses estou vivendo um conflito que nunca tinha imaginado viver. Foi por isso, para falar sobre esse sofrimento nada Leila Diniz, que te procurei. Achei que seria a melhor maneira de ter um diálogo comigo mesma.

63

Meus pesquisados apontaram três tipos de sentimentos presentes no casamento: o amor, a paixão e a amizade. O amor aparece como um sentimento amplo e difuso. É diferente da paixão, um sentimento inicial e provisório, que necessariamente se transforma em amor ou, mais comumente, acaba. Para eles, é impossível permanecer em estado de paixão por dois motivos: porque a paixão não resiste ao cotidiano e porque é insuportável a irracionalidade e a loucura inerentes a esse estado. A paixão, quando não acaba como fogo de palha, se transforma em algo mais tranquilo e administrável: o amor, que, para durar, deve conter resíduos dessa paixão inicial ou corre o risco de se transformar em outro tipo de sentimento, a amizade. O casamento deve conter uma combinação dos três sentimentos: uma grande dose de amor, com algumas pitadas de paixão e de amizade.

Eles acreditam que os casais devem evitar o risco de desequilibrar essas porções, visto que uma grande dose de amizade poderia transformar a relação dos cônjuges em uma relação de irmãos, deserotizada. Na hierarquia dos pesquisados, o polo mais valorizado é o do amor, e o menos é o da amizade, sendo que a paixão evita que o primeiro se transforme no segundo.

Apesar de o amor ser considerado o sentimento mais fundamental para a manutenção do casamento, é o mais difícil de ser definido. O amor se encontra entre a paixão e a amizade, é menos explosivo do que a primeira, mas menos morno do que a segunda. É mais seguro do que a paixão, mas menos garantido do que a amizade. Se a paixão é insuportável pela sua imprevisibilidade e loucura, a amizade é perigosa pela sua racionalidade e rotina. Um equilíbrio complicado é necessário para que uma e outra estejam presentes, mas não se tornem mais fortes do que o amor.

A paixão é associada ao excesso de sexo. A amizade está associada à falta de sexo. O amor exige o sexo, mas não aquele tipo de sexo que domina o indivíduo. O sexo é algo que pode e deve ser administrado, deve ser frequente e agradável, porém mais controlável do que na paixão. O casal deve estar atento para não deixar o sexo cair na rotina e se tornar burocrático, perigo que ameaça as relações duradouras.

A ideia de que é possível administrar racionalmente esses sentimentos apareceu entre os pesquisados. A paixão, a mais irracional dos três, deve ser domada, domesticada, mas não pode ser excluída do casamento. A insegurança, uma dose controlada dela, a incerteza sobre a posse do outro, é considerada necessária para o desejo sexual sobreviver no casamento.

Essa matemática complicada torna os casais reféns de lógicas diversas, e, muitas vezes, contraditórias. Os pesquisados apontam como perigos para o casamento: a rotina, o cotidiano, a burocratização, a mesmice, a certeza de possuir o outro, a segurança que leva à morte do desejo. Mas falam da necessidade da fidelidade, do problema do ciúme e da insegurança, da vontade de possuir o ser amado.

O maior problema da amizade é a morte do desejo sexual. Segundo os pesquisados, o desejo sexual se alimenta da falta, da ausência, da conquista. Não se deseja o que se tem, mas o que não se possui. Como conciliar a estabilidade de um casamento e o desejo sexual? Eis a questão.

> Eu acho natural que se amadureça o momento inicial de grande paixão para uma coisa mais estável que inclui um certo cotidiano, uma certa rotina, uma mesmice. Inclui,

mas não pode ser só isso. Precisamos estar sempre atentos para manter algo dessa paixão inicial no nosso casamento, para não nos transformarmos em irmãos, para não vestir o pijama velho e ficar comendo pizza vendo televisão.

O casamento, a díade, vive sob a ameaça do cotidiano, da repetição, daquela coisa chata, burocratizada. A gente tem que ficar de olho nisso, de não ter a relação com uma pessoa como uma coisa de relógio: tal hora almoçamos, tal hora fazemos amor. Precisa acontecer alguma coisa espontânea, um pouco mais alegre e apaixonada, para que você possa valorizar esse encontro dentro de casa.

Já me cansei de discutir com meus amigos sobre a crise das relações, a solidão, a infelicidade dos casais. Eu acho que o feminismo atrapalhou muito a nossa vida. As mulheres passaram a se achar donas da verdade, eternas vítimas do machismo. Passaram a ver o marido como um inimigo. Exigem tudo dele, estão sempre insatisfeitas. Coisas que eu acho muito superficiais, como o cara não saber se vestir muito bem ou gostar de tomar um chopinho com os amigos, se tornaram problemas gravíssimos. Você não cobra isso de um amigo, por que se acha no direito de cobrar do marido? A amizade é fundamental em um casamento. Mas não pode deixar de ter tesão, tem que ser amigo e amante, ao mesmo tempo. Amar é aceitar as faltas, as imperfeições, e até gostar delas.

64

Há alguns anos estou morando com um homem. Não sei como chamá-lo, pois não temos nenhum vínculo legal, formal ou religioso. Mas moramos juntos, dividimos as contas e temos sido fiéis um ao outro, até agora. Não gosto de chamá-lo de marido, pois indicaria um nível de compromisso que não temos. Namorado é ainda pior, pois acho ridículo dizer que tenho um namorado na minha idade. Namorido nem pensar, apesar de estar na moda. Acho muito estranho quando algumas mulheres me perguntam: este é o seu namorido?

Para ele é bem mais fácil, ele diz: esta é a Mônica, minha mulher. Não precisa explicar se sou sua esposa, namorada, noiva, amante. Todas as definições existentes não me parecem adequadas para o tipo de relação que temos. Marido? Cônjuge? Esposo? Namorado? Amigo? Amante? Companheiro? Parceiro?

Em inglês, existem muito mais opções, algumas bem criativas, outras estranhíssimas, como *significant other*, *intimate partner*, *better half*, *life mate*, *constant companion* etc. Fico imaginando a cara das pessoas se eu o apresentasse como o meu "outro significativo". Ou se eu simplesmente fizesse como ele e dissesse: este é o meu homem.

Aprendi nos seus livros que essas novas relações podem ser chamadas de novos arranjos conjugais. Você bem que poderia inventar um nome para definir os homens que vivem essas novas conjugalidades. Eles não têm um nome. Por isso precisamos usar velhas definições, como maridos, namorados ou companheiros, talvez como uma maneira de tornar a relação mais legítima, reconhecida ou segura.

Mas não quero entrar em um debate com você ou gastar o nosso precioso tempo pensando em uma definição mais adequada para esses novos arranjos conjugais.

Vivo com um homem há alguns anos. É a relação mais longa, tranquila e gostosa, entre tantas que tive na vida. É um cara bem na dele, quieto, estudioso, caseiro. Ele é só um pouco mais velho do que eu, está bem no trabalho, ganhamos mais ou menos a mesma coisa. É uma relação bastante igualitária, nesse sentido.

No início, transávamos muito, várias vezes por dia. Com o tempo, passamos a transar bem menos. Tornou-se algo meio burocrático, só nos fins de semana, nas mesmas posições. Mas sempre achei que isso nunca atrapalhou a nossa felicidade. Acho até que a falta de conflito entre nós é responsável por uma vida sexual pouco excitante. Nunca nos preocupamos muito com isso, já que o resto todo é muito bom. Conversamos muito, trocamos muitos carinhos, vamos ao cinema, pedimos comida em casa, temos uma rotina bastante gostosa, alegre e tranquila. Sinto-me, pela primeira vez na vida, confortável com um homem.

Quando começo a me preocupar com a nossa vida sexual, ele diz que tem tesão por mim, que temos uma vida normal, que é assim com todo mundo que vive junto há muito tempo, e rapidamente encerra o assunto. Não sei se o tesão é menor porque nos tornamos tão amigos ou é o contrário, nos tornamos amigos porque o tesão nunca foi o mais importante entre nós. Não temos aquelas inseguranças, ciúmes e tensões típicas de quem tem muito tesão pelo parceiro. Quanto mais tranquila foi ficando a nossa vida, menos espaço para o sexo. Ele acha que ficar discutindo esse problema vai acabar complicando a nossa relação. Diz que não é com conversa que vamos passar a transar mais, que isso deve ser natural, espontâneo, e não um esforço mútuo. Às vezes ele brinca dizendo que está aposentado nessa área, já que teve, antes de mim, uma vida sexual muito intensa e variada. É a primeira vez que ele mora com alguém. Diz que, sexualmente, já viveu tudo o que queria e, agora, morando comigo, quer ter uma vida mais calma.

Desde o início da relação ele me prometeu que nunca iria me dar motivos para desconfiar dele, que queria que eu me sentisse completamente segura. Nunca o vi olhando outras mulheres, muito menos flertando com alguém. Sinto, até hoje, que ele me admira muito, me respeita, que se encanta com minha independência, minha seriedade, minha forma de ser.

Apesar de morarmos juntos, temos um respeito muito grande pelo espaço e pela liberdade de cada um. Raramente brigamos ou discutimos. Ele realmente se preocupa comigo: quando estou doente, com problemas no trabalho, deprimida. Eu me preocupo com ele, eu cuido dele. É uma relação muito carinhosa.

Estava tudo muito tranquilo e gostoso, eu me sentindo aposentada da minha intensa vida sexual, quando encontrei um outro homem que, literalmente, me deixou de quatro e destruiu a minha paz.

65

Para André Béjin, os casais de hoje, quando decidem viver juntos, não alienam o pleno gozo de sua autonomia. O autor utiliza o slogan "nosso corpo nos pertence" para mostrar que os casais modernos acreditam que têm direito ao gozo. Não se trata mais de reclamar ao cônjuge o que lhe é devido, mas de gozar sem entraves, com ou sem a ajuda do parceiro.

O direito ao gozo, ou melhor, o dever de gozar, aparece nos depoimentos masculinos junto com as ideias de tesão, prazer, desejo, libido. Para os pesquisados, o compromisso com o gozo é muito mais amplo do que o ato sexual e deve permear todas as atividades do indivíduo e do casal.

> Para mim, o mais importante é ter tesão, tesão nas coisas que faço, no trabalho, nas mulheres, em tudo. Não posso deixar de viver as minhas paixões apesar de amar minha mulher. Os meus momentos de maior criatividade profissional são aqueles em que eu estou apaixonado. Picasso era assim, suas melhores fases correspondem às mulheres que ele amou. Não quero perder minha mulher, minha família, algo que construí com tanto amor, mas não posso reprimir algo que é tão fundamental na minha vida, que é o tesão.

> Meu casamento só se manteve durante uma crise terrível porque nós temos muito tesão um pelo outro. Somos namorados apaixonados até hoje e curtimos cada momento em que estamos juntos. Senão, qual o sentido de estar casado?

> Eu casei a primeira vez porque me senti obrigado a casar. Havia toda uma pressão e eu nem pensei muito que poderia não ter casado. Essa é a releitura que eu faço. Hoje não, eu escolhi casar em função de toda uma coisa nova: tenho o meu espaço dentro e fora de casa, tenho mais liberdade, é uma relação que não tem o sufoco, a chantagem da primeira. Minha libido, meu tesão, está em casa, está no trabalho, está nos meus amigos e está também em outras pessoas que pintam.

O gozo sexual surge como absolutamente necessário para os pesquisados. Todos consideram o bom relacionamento sexual imprescindível para o casamento. Para eles, a atração sexual pela esposa é condição necessária (mas não suficiente) para que o casamento seja considerado satisfatório. O entendimento sexual é visto como um termômetro da saúde do casamento. Monogâmicos e poligâmicos disseram ter atração sexual pelas atuais esposas.

> O que segurou a nossa relação no momento de crise foi o sexo. Eu sempre tive um tesão muito grande pela minha mulher mas durante a crise aumentou muito. A gente normalmente transa três, quatro vezes por semana. Na crise era uma loucura: era todo dia, duas vezes por dia.

> Eu e minha esposa temos uma boa dose de atração sexual um pelo outro. Não é só porque a gente gosta de transar que a gente está junto, há inúmeras outras afinidades. Não é só o sexo, embora ele seja um elemento determinante.

66

A transa com o meu companheiro é totalmente previsível. O que não quer dizer, em absoluto, que seja ruim. Ele sabe do que gosto e, principalmente, do que não gosto, na cama. Eu sei do que ele gosta e do que não gosta. Ele sabe qual a posição mais fácil para eu gozar. Eu conheço a dele. Durante esses anos, fui fiel a ele, não por moralismo ou obrigação, mas porque nossa vida tem sido tão boa que eu não quis estragar tudo, como já fiz tantas outras vezes. Ele deixou bem claro, desde o início, que queria uma relação por inteiro, sem mentiras e traições. E, para mim, foi tão importante me sentir amada, segura, protegida, que abri mão, facilmente, de aventuras ou casos sem importância. Não queria correr o menor risco de perder uma relação tão especial por uma bobagem, como fiz com o amor da minha vida.

Quando pergunto se ele acha que nossa amizade atrapalha o sexo, ele diz que não, que é exatamente o contrário, que é a falta de amizade que acaba com o desejo sexual, que o sexo não é possível sem amizade. E me pergunta: Mônica, você prefere transar com o seu inimigo?

Talvez eu prefira, pois o que estou vivendo hoje é o oposto do que vivi nos últimos anos. Eu, que, pela primeira vez na vida, me sentia suficientemente amada e bastante equilibrada, não durmo mais, não como direito, tenho dores terríveis no estômago, ataques de pânico. Não contei para ninguém, nem para os meus amigos, o que está acontecendo.

Não estou fazendo análise neste momento. Já fiz muitos anos de análise, experimentei todos os tipos de terapia, me tratei dos ataques de pânico, usei diferentes remédios. Acho que é o momento de aprender a resolver sozinha os meus problemas, ou pelo menos tentar conviver melhor com eles, aceitá-los. Não quero ser dependente dos médicos, psicólogos, remédios a vida inteira.

Você vai ser a primeira pessoa a conhecer a situação que estou vivendo. Acho que pode ser uma espécie de troca entre nós. Você ouve a minha história, que pode ser interessante para a sua pesquisa, e eu posso refletir em voz alta sobre as minhas experiências.

Você deve estar curiosa: por que escolhi você para contar minha vida? Tenho bons amigos e amigas. Poderia voltar para a análise. Acho que me identifiquei com o que você escreve, com o que fala, com a sua postura. Pensei que, conversando com você, eu poderia ficar mais consciente, mais lúcida, mais racional, encontrar algum sentido para o meu sofrimento. Nesses dias em que temos conversado, sinto que isso já está acontecendo. Tenho percebido que repito sempre os mesmos erros nas relações, como elas acabam de forma muito parecida, como fujo de compromissos, como não me entrego a um homem só.

Achei que poderia, com a sua escuta, refletir sobre o que estou vivendo e mudar esse padrão de comportamento. Encontrar uma solução. Quis tanto ser diferente da minha mãe que posso ter me tornado parecida com ela. Só que não quero me suicidar para acabar com meu sofrimento, como minha mãe fez. Deve existir outra saída e vou fazer tudo o que for possível para encontrá-la.

67

Os poligâmicos criticam a hipocrisia da sociedade que cria regras que consideram impossíveis de serem cumpridas, pelo menos pelos homens. Dizem que, se todos seguissem as regras sociais, os casamentos seriam muito mais infelizes e, provavelmente, desfeitos com muito mais facilidade.

Para os poligâmicos, a infidelidade é decorrente de uma necessidade interior, de uma natureza masculina, e não está relacionada a nenhum problema do casamento ou da esposa. Eles acreditam que o natural é que, apesar de um bom relacionamento com a esposa (sexual, afetivo, intelectual), exista atração por outras mulheres. Para eles, o relacionamento extraconjugal é visto como uma experiência estimulante e até saudável, pois ajuda a manter o casamento mais vivo.

Eles não acreditam em plenitude com uma única mulher. Dizem que amam e desejam suas esposas, mas que não podem abrir mão de se aventurar por novas e necessárias emoções. Dizem que precisam de variedade. Repetiram, várias vezes, "não dá para comer feijão com arroz todos os dias".

Os poligâmicos acreditam que, se fossem fiéis, estariam traindo a própria natureza masculina, o que seria muito pior do que trair as esposas. Dizem que, se fossem fiéis, além de prejudicarem a si mesmos, estariam destruindo o próprio casamento, pois culpariam as esposas por estarem cerceando seus instintos mais naturais.

Para os poligâmicos, as amantes não complementam nem competem com a esposa. O desejo de viver novas aventuras, de conhecer novas paixões, de descobrir novas sensações é considerado impossível de realizar apenas dentro de um relacionamento estável e duradouro. O problema não é a incompletude da esposa, ou a insatisfação com ela, mas a própria estrutura do casamento que aprisiona as vontades individuais. Eles enfatizaram que têm uma vida sexual feliz e satisfatória com as esposas.

Para os poligâmicos, os desejos fora do casamento são considerados naturais e necessários. Enfatizam, em seus discursos, a necessidade de um espaço próprio, de liberdade individual, de não serem invadidos ou sufocados. Um dos poligâmicos me contou que, em sua casa, tinha seu próprio quarto, seu escritório, sua televisão, seu computador, seu telefone e, principalmente, seu próprio banheiro. Ele disse que não invadia os aposentos da esposa, preservando a privacidade e a individualidade mesmo morando na mesma casa. Defendeu que esse é o modelo ideal de relação: ter a esposa, o casamento, e manter a liberdade, dentro e fora de casa. Disse que não conseguiria casar se não fosse dessa forma, mantendo-se disponível para as aventuras, sem ser controlado pela esposa. Afirmou que fica enojado com o fato de seus colegas de trabalho receberem dezenas de telefonemas das esposas durante o dia. Acha uma forma de controle insuportável, que só pessoas muito inseguras aceitam. Seres livres, disse ele, correm riscos e optam por estarem ou não juntos, sem a necessidade de vigilância permanente para garantir a união. Que tipo de relação é esta em que cada um é o carcereiro do outro?, pergunta.

Para os poligâmicos, a infidelidade não é um sintoma de crise da relação, mas uma necessidade natural decorrente da própria essência masculina. O homem fiel, para eles, é covarde, medroso, impotente, reprimido, conservador, babaca, moralista, hipócrita, fraco.

Os dois pesquisados que se declararam poligâmicos tiveram muitos relacionamentos extraconjugais, um deles teve 12, e o outro, 31. Para eles, a plenitude é conciliar o casamento e as relações extraconjugais sem problemas. Acreditam que todos os homens seriam naturalmente infiéis, caso não fossem sufocados pela sociedade ou por seus próprios medos. Eles próprios, infiéis assumidos, parecem se considerar superiores aos fiéis, pois conseguem superar as imposições culturais e suas próprias limitações individuais, para seguir, corajosamente, seu destino de homem.

> Eu acho que essa é a grande contradição da nossa cultura. Por um lado, todo mundo tem uma expectativa de exclusividade. Por outro, você tem a vontade poligâmica. Todo mundo quer ser o único, mas não quer ter um único. Acho que isso é estrutural, todo mundo na nossa sociedade vive esse conflito. Acho impossível você não sentir atração por outras pessoas. É da própria condição humana. Agora tem gente que não concretiza. Ou é daquele tipo ultraconformista, burguês, cheio de moralismos babacas, ou é aquele tipo reprimidaço, que nem olha para outra mulher. Pode ser também que ele queira ter uma outra mas não consegue, porque é aquele gordo, baixinho, careca e broxa para quem nenhuma mulher vai dar bola.

> Eu acho que é possível gostar de duas pessoas ao mesmo tempo. É a velha discussão paixão *versus* amor. Existem sentimentos de afetividade permanentes que se aprofundam, e existe um desejo natural de experimentar novas emoções, novas sensações, novas aventuras. Na sociedade em que nós estamos, isso não é aceito, então uma das relações tem que ser clandestina. Acho que muitos homens não têm relacionamentos com outras mulheres por puro medo, medo do desconhecido, de desestruturar o casamento, de não segurar a barra, de broxar. Às vezes é pura covardia e não amor pela esposa. Concordo com Wilhelm Reich que dizia que se um cachorro amarrado não foge, ninguém por isso o considerará um companheiro fiel.

68

No meio desse oásis, que é a minha atual relação, não havia espaço para outro homem. Não queria que nada atrapalhasse nossa vida. Mas, infelizmente, aconteceu. Encontrei um homem que acabou com a minha saúde, física e mental. Ele me foi apresentado, no meio de uma caminhada na praia, por uma amiga. Na primeira vez em que o vi, não prestei a menor atenção nele, não tive qualquer interesse. Eu o achei meio bronco, sem sal, apesar de bonitão.

Em outro domingo, por acaso, nos encontramos na praia, e caminhamos alguns minutos juntos. Paramos para beber água de coco e ele disse: Mônica, tenho tesão em você. Vamos para um motel? Achei que ele estava brincando e ia responder com outra brincadeira, quando ele colocou minha mão sobre o seu short. Respirei fundo e percebi que estava perdida quando respondi: vamos.

Não falamos nada durante o caminho e no motel descobri um mundo novo, que me deixou fascinada e apavorada. Apesar de toda a minha experiência sexual, com tantos homens diferentes, fiz, nesse primeiro encontro, o que jamais havia feito em toda a minha vida. Nunca tinha sido tão violentamente penetrada. Nunca tinha sido tratada como uma puta. Nunca, homem nenhum tinha me batido, me xingado, me amarrado. Nunca, homem nenhum tinha me dito tantas sacanagens. Nunca tinha gostado de ser dominada. Nunca tinha sentido o prazer de sentir dor. Aquilo tudo tão rápido, como uma explosão que destruiu tudo o que eu tinha vivido até então com os meus homens. Eu completamente submissa, maleável, entregue, aceitando tudo o que ele queria. Tomada por mãos, cheiros, vozes, palavras, línguas, suores.

69

Os poligâmicos fizeram uma distinção entre as transas eventuais, algo sem importância e de curta duração, e os casos mais longos e com maior envolvimento. As transas não são consideradas traições, já que ocorrem em viagens ou em momentos facilmente esquecíveis. Podem ser sucessivas ou esporádicas. O que interessa é que são apenas sexuais, sem qualquer outro tipo de envolvimento. O importante, para eles, é que as transas não representam qualquer ameaça ao casamento.

Já os casos são perigosos. Mesmo quando começam apenas como transas, podem se tornar importantes e abalar o casamento até daqueles que se dizem poligâmicos por natureza. São mais intensos e podem se transformar em paixão, provocando um descontrole que pode destruir o casamento. Primeiro, porque a esposa pode desconfiar ou descobrir a existência de outra mulher pela mudança de comportamento do marido, na cama ou fora dela. Segundo, porque ele mesmo pode desejar se separar da esposa para viver plenamente a nova paixão. Os poligâmicos preferem as transas esporádicas aos casos prolongados. Pelo menos teoricamente. Na prática, eles relatam experiências dos dois tipos.

70

Não vou conseguir contar tudo o que senti ou fiz nesse primeiro encontro. Não tenho coragem. Morro de vergonha só de pensar. Só posso dizer que foi o que de mais intenso e assustador experimentei em toda a minha vida sexual. Algo extremamente violento e agressivo, algo que jamais imaginei viver com um homem. Com ele, de imediato, ultrapassei todos os meus limites e preconceitos. Na verdade, nenhum homem jamais havia tentado ir tão longe comigo. Ele não só tentou como foi. Ele podia tudo, e eu senti o maior prazer de toda a minha vida em permitir absolutamente tudo. Ser chamada de puta, me sentir uma puta, agir como uma puta, ser tratada como uma puta.

Transamos sentados, deitados, em pé, no banheiro, na cama, no chão, na cadeira. Nunca gostei de sexo anal, e, com ele, isso mudou.

Ele não parava, mesmo depois de gozar. E gozou muitas vezes. Eu gozei muitas vezes, coisa que nunca tinha acontecido. O prazer e a dor não cessavam, mesmo após o orgasmo. Ele continuava dizendo e fazendo coisas que me agrediam, me humilhavam, me excitavam. Ele não se cansava, eu também não. Após horas de muito sexo e violência ele disse algo que me fez muito feliz.

> Mônica, você me saiu melhor do que a encomenda, estou louco por você, tarado por você. Você é muito gostosa. Todos os homens devem querer comer você. Você podia posar para a *Playboy*. Não imaginei que você fosse gostar tanto de transar comigo e gozar tão gostoso. Não pensei

que você fosse uma puta tão safada. Achava que você era uma intelectual muito bem-comportada e metida a besta. Estou em um momento da minha vida de achar que nenhuma mulher gosta de sexo, que só fazem para me agradar, que todas fingem gozar só para eu ficar satisfeito. Mônica, encontrei você na hora certa.

71

Há, entre os monogâmicos, a ideia de que muito pior do que a traição sexual é a mentira. A lógica da confissão aparece em alguns deles, a necessidade de contar tudo para a mulher, de revelar o oculto, de se livrar do segredo. Para Michel Foucault, esta necessidade de confissão é uma tarefa quase infinita de dizer, de se dizer a si mesmo e de dizer ao outro, o mais frequentemente possível, tudo o que possa se relacionar com o jogo dos prazeres, sensações e pensamentos inumeráveis que, através da alma e do corpo, tenham alguma afinidade com o sexo. Como afirma Béjin, hoje seria necessário, em termos ideais, entre parceiros, não esconder nada, dizer tudo, revelar suas infidelidades, confessar até suas masturbações.

Um homem casado, após ler os depoimentos dos monogâmicos que pesquisei, utilizou a ideia de "sincericídio" em oposição à lógica da confissão. Ele se declarou um poligâmico completamente assumido e afirmou ter tido mais de cem parceiras ao longo de sua vida.

> Essa coisa de falar tudo eu acho sincericídio: é a sinceridade quando é homicida. Não tem nada a ver. Eu não falo, a não ser que seja necessário. Eu não acho que se deva falar tudo, não, a não ser que esteja atrapalhando. O que é a traição? É quando você está sacaneando a pessoa, fazendo mal. Se você está envolvido com uma pessoa, casado, tem uma transa com outra pessoa, não necessariamente você está sacaneando a sua mulher nem fazendo mal a ela. Então,

não precisa falar. Fazer mal, no caso, seria contar, seria um sincericídio. A maior parte das vezes essas transas não significam absolutamente nada. Se o cara conta é porque ele quer sacanear a mulher ou se sacanear. Acho que é um lance meio sadomasô. Ele quer fazer a mulher sofrer e também sofrer. Porque, se ele deixasse passar, com o tempo essa transa perderia o significado, poderia ser até totalmente esquecida. Mas contando, não, ela vai existir para sempre. Mesmo que a mulher perdoe, a mágoa fica, a cobrança fica, a insegurança fica. Nunca mais ela vai voltar a confiar nele.

72

Nas primeiras semanas, pensei em contar tudo para o meu companheiro. Não consegui, fiquei com medo de perdê-lo para sempre. É óbvio que ele percebeu o que estava acontecendo. Mas não disse nada, absolutamente nada. Não tenho certeza se devo ou não contar. E se perder, de novo, um grande amor? E, se não contar, como vou conseguir beijá-lo, receber o seu abraço carinhoso todas as manhãs, transar com ele, olhar nos seus olhos? A culpa me atormenta, mas não sei o que fazer: dizer toda a verdade ou mentir, enganar, trair?

O outro não pergunta nada. Aliás, ele nunca perguntou nada sobre a minha vida, não tem interesse no meu trabalho, nos meus amigos. Só me quer na cama. E, como estou sempre disponível para ele, na hora em que ele quer e onde ele quer, não se importa com o resto.

Minha preocupação maior passou a ser como administrar as duas relações. Equação muito difícil. Tenho meu trabalho, um homem maravilhoso em casa e um outro que está me deixando completamente louca.

Transamos muito, não conversamos quase nada, inventamos coisas novas e cada vez mais perigosas, e meus limites estão sendo totalmente destruídos. Transamos no carro, em cinemas, em banheiros de restaurantes, em elevadores, em escadas, na praia. Experimentei óleos e pomadas diferentes, comprei lingerie que nunca imaginei usar, brinquedinhos, geleias, livros e filmes de sacanagem. Todo o meu investimento, de tempo e de dinheiro, é para os nossos encontros. Já gastei uma verdadeira fortuna em motel e em sexshop.

Só me sinto feliz quando estou na cama com ele. O resto do tempo passo atormentada, esperando que ele me ligue. O que mais me impressiona é a disposição dele para esses encontros. Ele vive cada um como se fosse o primeiro ou o último. Eu estava tão acostumada com minha rotina sexual que fiquei surpresa com um homem que valoriza e investe tanto em transar comigo. Eu me sinto completamente realizada como mulher quando vejo seu pau duro, de novo, logo após gozarmos. Nunca me senti tão desejada por um homem.

73

Não me contem
Danuza Leão
Claudia (1/7/2005)

Houve um tempo em que traição era crime, e quem traía perdia o direito até aos filhos, e nesses tempos remotos a traição se chamava adultério. As coisas mudaram, mas eu acho que a traição continua sendo crime – e hediondo. Devo ter sido traída várias vezes – afinal, quem não foi? –, mas dei a sorte de nunca ter tido a certeza. Porém, sofri tanto só de desconfiar que não desejo isso nem para minha pior inimiga. Que mentira: para ela eu desejo, sim. Ainda mais se ela for aquela grande amiga que, eu suspeitava, estava tendo um caso com meu marido. Traição de homem a gente tira de letra, sempre se soube que a raça masculina não resiste a uma coxa durinha, bem queimadinha de sol. Eles são infantis e nunca vão mudar. Mas essas coisas a gente perdoa, pois é tão bom quando ele nos cobre de beijos e diz que é tudo imaginação, que somos loucas. Mesmo que seja tudo mentira, é tão delicioso escutar essas declarações de amor que a gente acredita. Mas existe uma traição difícil de engolir: é a traição pública, aquela que todo mundo fica sabendo. Aí é difícil perdoar e, mais ainda, esquecer. É quando me vem à cabeça o affair Clinton. Os primeiros tempos devem ter sido horríveis, mas, como não dava mesmo para negar, eles decidiram ficar juntos. Ok. Tinha a política, Hillary queria ser eleita senadora e conseguiu. Imagino que nos primeiros dias eles tenham ficado a maior parte do tempo calados; falar do quê? Mas as coisas foram se acalmando e uma bela noite ele deve ter tentado uma transa. Os homens sempre acham que uma boa transa apaga todos os erros cometidos (por eles). E é isso que me põe curiosa: será que, quando ela olhou nos olhos dele, bem de perto, não pensou, automaticamente, em Monica Lewinsky? E aí, será que deu para ir em frente? Houve um tempo em que os homens negavam tudo. "Pela minha alma", eles diziam, ou "pela alma de minha mãe", pobre mãe. Depois veio a onda do modernismo, em que as mulheres até compreendiam uma traição, mas eles tinham que contar: era a época da sinceridade acima de tudo. Pois eu espero que o homem que me trair tenha a delicadeza de negar sempre. Não me interessa que ele seja sincero e verdadeiro; quero achar que ele nunca me traiu, e para isso ele pode (e deve) mentir descaradamente, dizer que estou pirada, que caia um raio em sua cabeça se estiver mentindo. Como nenhum raio vai cair mesmo, ele pode falar à vontade; eu vou acreditar em tudo e ficar bem feliz. Um dia eu li num jornal que um casal francês bem idoso estava sentado num banco do jardim de Luxemburgo, em Paris, conversando, quando ela perguntou se ele tinha ou não tido um caso com uma tal fulana, cinquenta anos atrás. Afinal, tanto tempo já havia passado, ele podia dizer. O marido confessou, e a velhinha deu-lhe uma dentada na orelha tão violenta que ele foi parar no hospital. Trair, ainda vai, mas confessar, jamais.

74

Ele tem dois filhos adolescentes e se separou há poucos meses. Não é nenhum garoto, é bem mais velho do que eu. Disse que nunca precisou tomar Viagra. A coisa mais importante na vida dele é o sexo. Não pode ficar um só dia sem transar. Diz que quando não transa se masturba durante o banho. Não sou eu que lhe desperto esse desejo todo. Sou apenas alguém que aceitou realizar suas fantasias.

Comigo é totalmente diferente. É ele quem me faz sentir todo esse tesão e investir prioritariamente na minha vida sexual. Nunca coloquei o sexo como centro da minha vida ou das minhas relações, nunca priorizei o tesão para escolher um homem. Hoje, tenho a sensação de que desperdicei a maior parte da minha vida com homens que faziam um sexo burocrático, rotineiro, sem intensidade. Descobri em mim uma vocação para ser essa mulher em que o prazer sexual é mais importante do que qualquer outra coisa na vida. Ele me revelou essa mulher. Talvez tarde demais para vivê-la plenamente. Talvez essa vocação já aparecesse timidamente. Talvez fosse o tal do borogodó.

Mas agora, quando eu estava feliz com uma vida mais tranquila, praticamente aposentada da sedução e do sexo, descubro essa vontade de viver por inteiro essa loucura. Se parar para pensar, sei que isso não pode resultar em nada de positivo para a minha vida. Mas como abrir mão de algo que se tornou o centro da minha vida?

75

Monogâmicos e poligâmicos concordam quando o tema é a infidelidade feminina. Dizem que a traição de suas esposas é muito mais difícil de aceitar. No caso delas, a questão não seria apenas a atração sexual, como ocorre em grande parte das escapadas masculinas, mas o envolvimento emocional.

Os pesquisados apontam como diferença na traição feminina o estigma que recai sobre o homem traído: o corno. Dizem que a esposa traída não carrega o mesmo estigma, que não existe a acusação de corna na nossa cultura. A sociedade brasileira considera natural a traição masculina, justamente porque se pensa que a infidelidade masculina não é decorrente de algum problema do casamento, mas o exercício de uma natureza. Já o homem traído é visto como aquele que não soube satisfazer ou controlar sua esposa, o que significaria que é um corno, um frouxo ou um broxa.

Entre os meus nove pesquisados, seis disseram que suas esposas viveram um ou mais relacionamentos extraconjugais. Em apenas dois casos estes foram revelados por elas. Os demais foram descobertos de outra forma. Dos três pesquisados restantes, apenas um afirmou ter a certeza de que a esposa sempre foi fiel, apesar de admitir a possibilidade de ela ser infiel no futuro.

> Minha mulher me contou que teve um caso. Eu preferia mil vezes não saber, não sei por que ela me contou. Na verdade, acho que foi para eu me sentir culpado. Há alguns meses, eu não transava mais com ela, não ficava com ela, não lhe dava muita atenção. Estou cheio de problemas no trabalho, problemas de saúde, no meio de uma crise

pessoal enorme. Ela diz que teve um caso porque não se sentia mais desejada por mim. Ela acha que tenho outra mulher. Não tenho, mas ela não acredita. Acha impossível um homem ficar um ou dois meses sem transar. Depois dizem que nós é que somos machistas.

Mesmo que racionalmente eu saiba que ela pode transar com outros homens, eu não quero saber. Eu prefiro acreditar que ela sempre foi e sempre será fiel. Eu não quero saber, não fico buscando provas de traição. Ao contrário, prefiro não ficar procurando, pois se procurar vou, com certeza, acabar achando. E aí vou ter que tomar uma decisão. Não importa se é verdade ou não, o importante é que eu acredite que ela é fiel. Lógico que ela tem toda a liberdade de não ser. Só não quero que a suspeita atrapalhe a nossa relação. Nesse caso, acredito muito naquele dito popular: é muito mais importante parecer ser uma mulher direita do que ser uma mulher direita. No meu caso, o fato de ela parecer ser fiel já me deixa tranquilo. O que não quer dizer que ela é.

76

Nós não temos nenhum interesse em comum além da cama. Ele tem um trabalho burocrático, não lê, só vê televisão e toma chope com os amigos. Um homem medíocre.

Na verdade, ele é um chato. Ele fala o tempo todo no celular, com a filha, com a ex e com os amigos. Ele desmarcou vários encontros comigo, em cima da hora, só para resolver coisas da filha, como comprar uma roupa para uma festa ou levá-la ao dentista. Ele mora, desde que se separou, na casa dos pais.

Fui descobrindo isso aos poucos. Ele me contou que se separou da mulher porque ela tinha síndrome do pânico. Com o tempo, percebi que ela é que lhe deu um fora quando descobriu que ele tinha uma amante. Ela está namorando um cara muito rico e ele ficou desesperado quando soube disso. Ele quer voltar para ela, ela não quer mais nada com ele.

Ele reconhece que é muito limitado intelectualmente. Acho que, por essa consciência, colocou toda a sua energia no sexo. Pelo menos comigo, isso foi mais do que o suficiente. Caí em uma cilada da qual sempre fugi.

77

Encontrei, nos depoimentos masculinos, uma ideia que chamei de "fidelidade paradoxal". Qual é o paradoxo da (in)fidelidade que aparece entre os meus pesquisados?

Em primeiro lugar, o valor da fidelidade, mesmo quando os indivíduos são efetivamente infiéis. Pode-se pensar que é justamente porque os indivíduos são, em grande parte, infiéis, que a fidelidade é um valor.

Em segundo lugar, a fidelidade pode ser vista como uma ilusão. Mesmo sabendo que é provável que o parceiro seja ou tenha sido infiel, deseja-se acreditar que ele é fiel. Os pesquisados querem a ilusão de fidelidade muito mais do que a própria fidelidade.

É mais importante acreditar na fidelidade do que ser efetivamente fiel. Neste sentido, o depoimento de um dos meus pesquisados é exemplar para se compreender o paradoxo da infidelidade: o cafajeste, o homem que é mestre em ser infiel, pode ser considerado "o cara mais fiel do mundo", porque sabe representar muito bem o papel de homem fiel com diferentes mulheres (e não apenas com uma).

> Sabe qual é o maior paradoxo? O cafajeste é o cara mais fiel do mundo. Ele é o único que faz com que muitas mulheres se sintam únicas. Cada mulher com quem ele se relaciona se sente especial na vida dele. E é isso o que uma mulher quer ser: especial, única, ou melhor, ela quer acreditar que é a única. O cafajeste é o único cara que consegue transar com dez mulheres e fazer com que cada uma das dez se sinta a

única na vida dele. E não é isso o que as mulheres querem? Então o cafajeste é o cara mais fiel do mundo. É o único que faz com que dez mulheres acreditem que ele é fiel e que todas elas são únicas. Moral da história: é melhor ser cafajeste do que ser um cara fiel, porque elas acreditam mais no cafajeste do que em nós. Não é um paradoxo maluco?

78

Construí toda a minha vida achando que poderia administrar racionalmente o meu desejo, que poderia fugir dos homens e das relações que me fizessem sofrer. Achei que, com a maturidade, poderia administrar ainda melhor os meus sentimentos. Nunca pensei que perderia o controle, ou que iria me submeter à vontade de um homem. E agora estou, como diriam os jovens, completamente dominada. Dominada ao desejar o desejo dele, dominada ao fazer tudo o que ele quer, dominada ao transgredir todos os meus limites. Não tenho coragem de entrar em detalhes, mas, tenha certeza, nunca fui tão violentada, humilhada, machucada, física e psicologicamente.

Tenho total consciência de que sou apenas mais um corpo para ele. Vivi situações muito humilhantes em que ele, na minha frente, paquerou descaradamente outras mulheres. Já o ouvi, ao celular, marcando encontros com outras. Já fui deixada na cama de um motel, sozinha, para ele se encontrar com a ex-mulher. Tudo o que jamais admiti que um homem me fizesse, ele fez e faz. Tudo e muito mais.

Mas é só ele me telefonar que eu largo tudo o que estiver fazendo, a qualquer hora do dia ou da noite, para ir encontrá-lo. Para que ele me bata, me xingue, me coma. Acho que estou louca, completamente doente e viciada. Se eu pensasse na minha saúde física e mental, já teria caído fora dessa loucura há muito tempo. Mas não consigo. E eu não quero. Ao contrário, meu desejo de estar com ele é cada vez maior.

79

Olivia von der Weid entrevistou dez casais adeptos da prática de *swing*. Alguns dos seus depoimentos revelam como, mesmo neste grupo, a fidelidade é um valor fundamental.

Um dos adeptos da prática afirmou que "o *swing* é o adultério consentido". Nesta ideia está a chave para a compreensão do que é infidelidade para esse grupo de pessoas. A permissão para o parceiro se relacionar sexualmente com outra pessoa, desde a escolha desta até a forma como a relação vai acontecer, faz parte de um acordo explícito. Para os seus pesquisados, com consentimento mútuo, tudo é permitido. Ser infiel, para eles, é quebrar o acordo existente, é mentir ou esconder algo do parceiro.

Para uma de suas pesquisadas, "a partir do momento que você esteja fazendo uma coisa que o outro não está de acordo, é traição". Outra disse que ser infiel é "se relacionar com outra pessoa sem o seu parceiro saber". De acordo com uma delas, "se estou assistindo ao meu marido com outra mulher, ele não está me traindo, porque eu estou assistindo e consentindo. Ele ali está fazendo sexo com ela, não está fazendo amor. Comigo ele faz amor, com ela ele faz sexo".

Um pesquisado disse que "no *swing* não tem sentimento. Infidelidade é quando rola sentimento, amor". Revelar tudo ao outro – o que aconteceu durante uma transa, as fantasias sexuais, a cantada que se levou na rua – mostra-se essencial para o casal praticante de *swing*, uma forma de tornar a união ainda mais forte.

> O suingueiro não trai, a traição entre suingueiro é pior do que entre casal que não faz *swing*. Porque o casal que não faz *swing* tem a desculpa, o álibi, de que não tem liberdade, nós não.

A prática do *swing*, segundo a autora, pode ser pensada como uma alternativa adotada pelos casais para se prevenirem contra a traição, um antídoto contra a infidelidade sexual. Ao controlar a sexualidade do parceiro, ao permitir ou dar o consentimento para que ele mantenha relações sexuais com outras pessoas, o casal acredita estar se protegendo da tão indesejada infidelidade.

> Porque se eu quisesse ter relação paralela eu não fazia *swing*, eu fazia como na minha relação anterior, em que eu não fazia *swing* mas tinha mulheres na rua, tinha amantes.

Um slogan encontrado em um blog de um casal adepto do *swing* sintetiza a análise da autora: "*no* traição, *yes swing*".

80

Tenho experimentado, pela primeira vez na vida, a sensação de estar dividida, dilacerada. Não apenas entre dois homens, mas entre duas vidas. Uma é tranquila, gostosa, aconchegante; a outra é doente, assustadora, louca. Tive muitos amantes, algumas vezes mais de um ao mesmo tempo. Mas conseguia separar o que sentia por um e pelo outro.

Agora não. São duas relações tão radicalmente diferentes que não posso sair de uma para a outra sem um profundo choque emocional e físico. Um é romântico, seguro, carinhoso, delicado, sensível, maduro. O outro é cafajeste, safado, imprevisível, violento, desrespeitoso, sádico, infantil. Um é o meu melhor amigo, com quem eu faço um sexo rotineiro e agradável. O outro é só sexo, nada mais. Um me chama de princesa, meu amor, meu doce. O outro de puta, vadia, vagabunda. Um me abraça carinhosamente. O outro me bate. Um divide a vida comigo. O outro me domina.

Não é só o medo de perder um ou outro. Tenho certeza de que irei sobreviver se isso acontecer. Já sobrevivi a coisas muito piores. O que mais me atormenta é o fato de querer esses dois homens na minha vida e experimentar desejos e sentimentos tão opostos, todos os dias.

81

Roberto DaMatta chama a atenção para o fato de que a sociedade brasileira é relacional, um sistema em que o básico, o valor fundamental, é juntar, confundir, conciliar. É com esse quadro de referência que DaMatta analisa *Dona Flor e seus dois maridos*, romance de Jorge Amado.

Em *Dona Flor* não há nenhuma recusa do ambíguo. Há uma busca e uma aceitação plenamente conscientes de dois homens diferentes que formam um triângulo social perfeito. O segundo marido de Flor, Teodoro Madureira, é um farmacêutico e homem definido como regular, cerimonioso, circunspecto, homem de bem, sério em ações e intenções. O oposto exato do falecido Vadinho, primeiro marido de Flor.

Na união com Vadinho, tudo era misturado e ambíguo, com as duas vidas se entrelaçando e complementando em muitos pontos. Vadinho representava a rua, a irresponsabilidade, o provedor de emoções, o jogo, a incerteza, a malandragem. Flor, em seu primeiro casamento, representava a casa, a responsabilidade, a provedora de recursos materiais, o trabalho, as certezas, as lealdades.

DaMatta diz que, no segundo casamento, há uma união entre Flor e Teodoro, mas não uma relação complementar e completa. Cada um tem individualmente o que é seu e cada um tem o direito de viver o que é seu de modo igualitário. Com Teodoro, Flor tem tudo o que Vadinho lhe negara. Mesmo assim sente-se infeliz e deseja algo que não sabe o que é. Seria uma nostalgia do relacionamento com Vadinho? Certamente, responde DaMatta. É justamente esse relacionamento complementar e não individualizado que aparece no romance como capaz de produzir o sentimento de vida, de sensualidade, de paixão.

Flor passa a se lembrar e desejar a volta de Vadinho, como se sua vida estivesse incompleta sem o outro lado que ele representava. É assim que se cria o triângulo da história. Ela pergunta para si mesma:

> Por que cada criatura se divide em duas, por que é necessário sempre se dilacerar entre dois amores, por que o coração contém de uma vez só dois sentimentos controversos? Por que optar se quero as duas coisas? Por que, me diga?

O espírito de Vadinho responde à pergunta que tanto a angustia:

> A casa própria, a fidelidade conjugal, o respeito, a ordem, a consideração, a segurança, quem te dá é ele, pois o seu amor é feito dessas coisas nobres (e cacetes) e delas todas necessitas para ser feliz. Também do meu amor precisas para ser feliz, desse amor de impurezas, errado ou torto, devasso e ardente, que te faz sofrer. Amor tão grande que resiste à minha vida desastrada, tão grande que depois de não ser voltei a ser e aqui estou... Quando era só eu, tinhas meu amor e te faltava tudo, como sofrias! Quando foi só ele, tinhas de tudo, nada te faltava, sofrias ainda mais. Agora, sim, és Dona Flor inteira como deves ser.

Em *Dona Flor* o ponto de vista das relações com os dois amantes é feminino. Ela irá articular o espírito de Vadinho, que conduz à liberdade, aos amigos, às escolhas e à criatividade, com o corpo de Teodoro, que remete à ordem, ao planejamento, às leis e às determinações.

O amor de Flor é um símbolo de liberdade, de imaginação e de coragem que transforma a ambiguidade do seu desejo em algo positivo e criativo. Essa, conclui DaMatta, é a base desse triângulo que decide tomar o ambíguo como positivo, e não, como é muito mais comum no mundo em que vivemos, encarar a ambiguidade como algo monstruoso, perigoso, tremendo e terrível; como um pecado que deve ser exorcizado pelas leis e pelos próprios indivíduos.

82

Estou cada vez mais submissa e ele percebe isso. Cada vez me trata pior, com mais desrespeito e desprezo. Marca encontros e não aparece. Liga para dizer que não vai quando já estou em algum lugar esperando. Muitas vezes nem liga. Outras, me liga de madrugada e eu saio correndo para encontrá-lo. É um jogo muito perigoso.

Estou cada vez mais frágil e vulnerável, até fisicamente, ou principalmente fisicamente. Desde o início ele me disse que tenho a dose certa de feminilidade, que sei ceder na hora certa, que sei ser uma mulher de verdade. Ele diz que gosta de mulheres frágeis, doces, meigas como eu. Poderia parafrasear Simone de Beauvoir: eu não nasci uma mulher submissa, ele me tornou uma mulher submissa.

Algumas amigas têm amantes porque querem se vingar dos maridos que não lhes dão atenção, não fazem o que elas querem ou porque foram traídas por eles. Não é o meu caso. Não tenho motivo para me vingar do meu companheiro. Ao contrário. Ele tem sido, sempre, um homem maravilhoso, carinhoso, respeitoso, delicado, gentil. Mas não posso deixar de experimentar tudo o que descobri sobre o meu corpo, o meu desejo, o meu prazer. Não é que não possa racionalmente dizer não para o outro; eu posso, mas não quero. Eu quero viver intensamente tudo isso, mesmo correndo os riscos que sei que estou correndo.

83

De acordo com os dados do IBGE, 71% dos pedidos de separação feitos por mulheres foram motivados por traição masculina. A infidelidade masculina é tão recorrente no Brasil que movimenta um mercado próprio. Na internet, um site chamado Álibi presta um serviço para arrumar, justamente, álibis. Eles enviam convites para eventos, fazem reservas em hotéis e prestam assistência telefônica. Se uma esposa quiser entrar em contato com seu marido (infiel), uma recepcionista atenderá de maneira a garantir que ela acredite que ele está ocupado trabalhando ou em algum evento importantíssimo (e não transando com sua amante, como efetivamente está). Na internet existem inúmeros chats destinados apenas a pessoas casadas interessadas em encontros com outras pessoas casadas.

Talvez, exatamente por ser tão rara, a fidelidade se tornou um valor fundamental para os casais brasileiros.

O Datafolha realizou uma pesquisa com 2093 entrevistados, em 2007. Para a pergunta: "O que é mais importante no casamento?", os pesquisados responderam: fidelidade (38%), amor (35%), honestidade (15%), filhos (5%), vida sexual satisfatória (2%) e dinheiro (2%).

Quatro em cada dez mulheres elegeram a fidelidade como o item mais importante para um casamento feliz. Os homens também elegeram a fidelidade como o elemento mais importante para a felicidade do casamento (37%)

Em uma pesquisa com a mesma temática, realizada pelo Datafolha em 1998, 23% dos pesquisados declararam que a fidelidade era o fator mais importante para o casamento feliz, uma porcentagem bastante inferior à de 2007. Em 1998, o amor foi apontado em primeiro lugar (41%), seguido da honestidade (24%). Este dado revela que a fidelidade, com o passar dos anos, tornou-se um valor ainda mais básico para os casais brasileiros.

Para a questão: "O que é mais prejudicial a um casamento?", a resposta foi ainda mais categórica: 53% dos pesquisados disseram traição, seguida de falta de amor (15%), ciúmes (11%), incompatibilidade de gênios (5%), desemprego (4%), dificuldades financeiras (3%), brigas com a família do companheiro (3%), vida sexual insatisfatória (1%), um dos parceiros gastar demais (1%) e não ter filhos (1%).

Os dados do Datafolha comprovam o que tenho encontrado em minhas pesquisas: a fidelidade é um valor fundamental para os casais contemporâneos. Nos mais diferentes tipos de arranjos conjugais, inclusive na relação entre o homem casado e a sua amante, inclusive na relação dos casais praticantes de *swing*, a fidelidade é um valor básico. Ao analisar os dados da pesquisa, a Folha revela a idealização da fidelidade que encontrei entre os meus pesquisados:

> Em seu livro *Infiel*, a antropóloga Mirian Goldenberg, professora do Departamento de Antropologia Cultural da Universidade Federal do Rio de Janeiro e também autora do livro *A Outra* nota que a idealização da fidelidade permanece fortíssima, inclusive nas relações extraconjugais. Ela exemplifica: "As Outras acreditam que seus parceiros não têm relações sexuais com as esposas. Os homens casados acreditam que as amantes lhes são fiéis sexualmente. Não só no casamento, mas também no adultério, a fidelidade é um valor."

O depoimento de uma advogada, na mesma matéria, mostra que a justificativa mais frequente para a separação é a traição, seguida de problemas financeiros e agressões físicas e verbais.

Ela diz que quem trai mais é o homem e que a iniciativa da separação, por isso, é quase sempre da mulher, que tolera menos a traição.

> A mulher trai menos, é verdade. Mas, mesmo quando ela trai, os homens preferem fazer vista grossa. Contrariamente ao esperado, o homem não se preocupa muito em se separar, quando sabe que foi traído. Em geral, se ele puder manter a rotina, o *status quo* de casado, prefere manter. Esta é uma constatação muito, muito frequente no escritório.

Encontrei, nos depoimentos dos meus pesquisados, a mesma ideia apresentada pela advogada: os homens traídos "preferem fazer vista grossa". Criei, a partir da observação deste tipo de comportamento, uma espécie de cegueira voluntária, consciente e deliberada, a ideia de "(in)fidelidade paradoxal".

84

Ele me dá várias provas de que quer voltar para a ex-mulher. Uma vez ouvi uma briga entre os dois, pelo celular. Ele reclamando que ela só quer saber de dinheiro, que ficou com a casa, com o carro, com as duas empregadas, com os cachorros e que ainda quer mais. Ele se sente um fracassado por não poder dar tudo o que ela exige.

Uma vez estávamos dentro do carro, na maior sacanagem, e ela ligou. Ele pediu para eu continuar o que estava fazendo até gozar na minha boca. E continuou falando com ela, sem parar um só minuto. Foi apenas uma das vezes em que me senti um lixo. Acho que ele desconta em mim toda a humilhação que sofre da ex. Só me dominando pode ainda se sentir um homem de verdade.

A situação está ficando cada vez pior, a ponto de me chamar pelo nome dela nas nossas transas, de querer outras mulheres na cama e de me pedir para convidá-las, de não ir aos nossos encontros para sair com outras mulheres. O que era uma aventura fascinante passou, rapidamente, a uma humilhação insuportável.

Eu te falei, logo no início das nossas conversas, que o meu único critério para ficar com um homem era ser respeitada. Desde aquela primeira vez, com o bigodudo, tomei esta decisão: só vou gostar de quem gosta de mim. E agora estou com um homem que me desrespeita, me despreza, me ignora. Um homem que só me faz feliz na cama. Só não sei o preço que ainda terei que pagar por esses momentos de prazer e de dor.

85

De acordo com os dados das minhas pesquisas, as mulheres brasileiras sofrem excessivamente. Sofrem porque são as Outras, sofrem porque são traídas, sofrem porque falta homem no mercado, sofrem porque os homens não são românticos e sensíveis, sofrem porque não conseguem ter uma relação de intimidade com o parceiro, sofrem porque eles não gostam de discutir a relação, sofrem porque investem muito na relação amorosa, sofrem porque são obrigadas a ter uma dupla jornada, sofrem porque precisam ser magras, belas e jovens. Em quase todos os meus estudos, a mulher aparece como uma vítima da dominação masculina, e os homens, os principais culpados pelo seu sofrimento. Uma questão sempre me inquietou: qual é o lugar do sofrimento masculino?

Noto, nos meus pesquisados, a extrema preocupação masculina com a altura, força física, virilidade e com o tamanho do pênis, preocupação que pode provocar grande sofrimento físico e psicológico.

Entrevistei três rapazes que afirmaram tomar Viagra por medo de falhar em suas relações sexuais. Apesar de dizerem categoricamente que não precisavam, o medo de falhar e a ansiedade com o desempenho sexual faziam com que evitassem o possível fracasso tomando o medicamento. Disseram que nunca procuraram médicos ou contaram que tomam Viagra para as namoradas. Um deles disse que tomou Viagra porque "não aguentava mais ouvir os meus amigos dizendo que transavam mais de cinco vezes numa só noite".

Elisabeth Badinter acredita que o refúgio no álcool e nas drogas e, também, a impotência são frutos da fragilidade masculina diante de novos imperativos sociais, que impõem novas exigências e obrigações sexuais. A autora afirma que o ideal viril custa muito caro para os homens, que fazem esforços enormes para se adequar a um modelo masculino que supervaloriza o tamanho do pênis e provoca a obsessão pelo desempenho sexual, causando angústia, depressão, ansiedade, estresse, dificuldades afetivas, medo do fracasso e comportamentos compensatórios potencialmente perigosos e destruidores. Além disso, ela lembra que os homens procuram médicos e psicólogos com muito menos frequência do que as mulheres, mantendo em segredo, como um estigma a ser escondido, suas doenças e preocupações. Não é de se estranhar o fato de os homens morrerem bem mais cedo do que as mulheres.

O complexo de Adônis mostra a obsessão masculina em responder a um ideal de ser homem, ancorado em um corpo musculoso, na performance sexual e no tamanho do pênis. Seus autores afirmam que milhões de homens estão sacrificando aspectos importantes de suas vidas para se exercitarem compulsivamente nas academias. Milhões de dólares são gastos em suplementos alimentares e esteroides anabolizantes, que causam câncer, hepatite e outras doenças graves. Além dessas drogas perigosas, os distúrbios alimentares são cada vez mais frequentes nesse universo. Mais de um milhão de norte-americanos, especialmente adolescentes e meninos, desenvolveram o distúrbio dismórfico corporal, representado por uma preocupação excessiva com supostas falhas na aparência, como o tórax pequeno ou o pênis diminuto.

Basta, segundo os autores, uma rápida olhada na internet para descobrir o exagero de técnicas de aumento de pênis hoje comercializadas, sendo a indústria do aumento do pênis uma parte significativa da crescente indústria da imagem corporal masculina, estimulando e aumentando as inseguranças dos homens a respeito dos seus corpos. O estudo destaca que esses homens, meninos e adolescentes, sofrem silenciosamente, em segredo, não conversam sobre seus problemas, pois, em nossa sociedade, os homens de verdade não devem demonstrar preocupação com a aparência.

Uma referência fundamental para pensar sobre essa questão é *A dominação masculina*. Pierre Bourdieu afirma que os homens são "dominados por sua dominação", fazendo um "esforço desesperado, e bastante patético, mesmo em sua triunfal inconsciência, que todo homem tem que fazer para estar à altura de sua ideia infantil de homem". O silêncio masculino sobre o sofrimento, a preocupação excessiva com a virilidade e, particularmente, com o número de parceiras, sempre aquém do que se acredita ser o normal, podem ser vistos como exemplo desta dominação que o dominante também sofre. Exigências terríveis a respeito de determinado modelo de gênero escravizam não apenas as mulheres, mas também os homens.

86

Nunca me vi como uma esposa exemplar, assumindo o tipo de relacionamento e compromisso de uma mulher casada. Nunca me senti dependente, com a obrigação de ser fiel, de prestar contas, de limitar minha liberdade. No entanto, sinto-me traindo o meu companheiro, sinto-me péssima pois tenho a certeza de que ele sempre foi fiel a mim.

Nunca conversei com o outro sobre o fato de eu viver com um homem. Ele nunca quis saber da minha vida, do meu trabalho, do meu passado.

Ele está morando na casa dos pais e para transar temos que ir a motéis. Desde o início fiz questão de pagar os motéis, porque ele ganha muito menos do que eu. Ele nunca reclamou. Ao contrário, acha o máximo que uma mulher pague o motel para poder transar com ele. Se ele tivesse que pagar, ou dividir, não poderíamos nos encontrar tantas vezes. Pago as contas para ter o prazer de estar com ele mais tempo, mais vezes.

Logo no início, imaginei como seria ficar só com ele, como seria a nossa vida na mesma casa. Acho que seria impossível: ele não lê, não conversa, não tem nenhum tipo de interesse intelectual. Só quer saber de sexo. Tem a família, a ex-mulher, a filha. Do filho não sei nada, acho que está fora do Brasil. É um homem que não tem paixões, desejos, projetos. Na cama, é um homem agressivo, criativo, potente. Fora dela, é frio, grosseiro, chato, medíocre.

87

Na minha pesquisa quantitativa, elaborei um questionário com perguntas sobre as expectativas masculinas e femininas com relação ao casamento e à (in)fidelidade. Foram pesquisados 1.279 homens e mulheres das camadas médias cariocas, de 18 a 50 anos, de nível universitário e renda familiar acima de R$ 2.000.

Ao verificar a porcentagem dos pesquisados que dizem ter traído, a distância não é tão grande: 60% dos homens e 47% das mulheres. No entanto, o discurso deles sobre essas questões são significativamente diferentes.

Com relação à iniciação sexual, por exemplo, enquanto os homens e mulheres que estão na faixa dos 50 anos apresentavam uma significativa diferença de idade ao perder a virgindade, os mais jovens estão muito próximos nessa experiência (dados que são confirmados em outras pesquisas). Na primeira faixa, os homens tendiam a ter a primeira relação sexual aos 14 anos, enquanto as mulheres deixavam de ser virgens aos 20 anos. Entre os mais jovens, mulheres e homens tiveram sua primeira experiência sexual em torno dos 16 anos. Apenas entre os rapazes encontrei respostas imprecisas (não me lembro, 15 ou 16 anos, difícil saber).

Quando perguntei "Com quantas pessoas você teve relações sexuais até hoje?", pude perceber melhor a distância entre o comportamento sexual e o discurso sobre o mesmo. Tanto entre as mulheres como entre os homens pesquisados, pode-se perceber, entre os mais jovens, que o maior número de respostas precisas se concentra entre 2 a 5 parceiros sexuais.

Mais do que o número de parceiros, o que mais chama atenção é a imprecisão encontrada em quase 30% das respostas masculinas. Os homens pesquisados fazem questão de mostrar que não lembram o número de parceiras que tiveram ao longo da vida. Fato curioso, já que alguns, especialmente os mais jovens, não devem ter tido, em sua maioria, uma experiência sexual tão grande. Já as respostas femininas foram muito precisas, contrastando fortemente com as masculinas: somente quatro mulheres foram vagas em suas respostas (acho que sete, nove no máximo).

A imprecisão das respostas masculinas aparece de três maneiras: ou indicando um número aproximado de parceiras sexuais (mais de 20, mais ou menos 35, entre 50 e 70, aproximadamente 53, menos de 100, mais ou menos 104, mais ou menos 200) ou sugerindo que o número foi alto (várias, muitas, algumas, dezenas, bastante, uma porção, inúmeras, porrada, difícil computar, muitas, perdi a conta, milhares, um montão) ou baixo (poucas, menos do que eu gostaria).

Uma das hipóteses para os tipos de respostas masculinas é a de que eles acreditam que o número de parceiras é tão reduzido que preferem dizer algo impreciso. Como observei anteriormente, os homens sempre se acham fora de um padrão de masculinidade que acreditam ser normal, ou que eles não se enquadram em um modelo de masculinidade hegemônica. Acreditam que todos os amigos, ou os outros homens, tiveram muito mais parceiras sexuais do que eles. Mesmo aqueles que afirmaram ter tido mais de cem parceiras ao longo de sua vida disseram que eram poucas, já que "a maior parte dos amigos teve muito mais". Todos, sem uma única exceção, disseram estar fora da média do homem brasileiro.

88

Meu companheiro é inteligente, curioso, criativo, estudioso. Está sempre pensando em novos projetos, lendo inúmeros livros, antenado em tudo o que está acontecendo. Sua relação com o sexo é algo, se é que se pode dizer isso, normal. Uma das coisas de sua vida e, com certeza, não a mais importante. Pelo menos agora. Ele já transou com centenas de mulheres antes de mim.

No primeiro ano, transamos muito. Não sei direito o que aconteceu com a gente, mas em algum momento a coisa estacionou e se burocratizou. Acho que ficamos muito seguros do afeto de um pelo outro, de que nossa relação iria funcionar, talvez para sempre. Encontramos um equilíbrio. Ele descobriu em mim uma mulher que o aceita sem cobranças; eu descobri nele um parceiro muito compreensivo.

Combinamos em nossas expectativas, exatamente o que faltou com o meu grande amor. Aceitamos um ao outro, sem grandes exigências e demandas. Não competimos, não impomos os nossos desejos um ao outro, não disputamos espaço. É a primeira relação que vivo em que não existe a dominação de um e a submissão do outro. Na verdade, nas minhas relações anteriores, eu quase sempre dominei os meus homens, muito mais do que fui dominada por eles. Eu valorizo muitíssimo a nossa relação exatamente por isso: ele nunca se submeteu à minha dominação, e nunca tentou me dominar.

Eu aprendi a respeitá-lo ao observar o jeito dele, sempre agradável, delicado e gentil, de se relacionar comigo, com os amigos, com a família, com os colegas de trabalho. Ele sempre se impõe, sem ter que brigar ou alterar o tom da voz. Acho que o que mantém a nossa relação até hoje é esse respeito mútuo e uma admiração recíproca.

Tudo aparentemente perfeito se a falta de um tesão maior não me incomodasse, especialmente agora. Tudo aparentemente perfeito, se eu não tivesse encontrado um homem que revelou a puta que estava muito bem escondida dentro de mim.

89

Para os meus pesquisados, é muito melhor ser homem do que ser mulher. Quando pergunto: "O que você mais inveja em um homem?", as mulheres respondem, categoricamente, liberdade. Em seguida, dizem: "fazer xixi em pé". Cerca de 40% dos homens disseram não invejar nada nas mulheres.

Os pesquisados dizem que "toda mulher é" sensível, maternal, romântica. As pesquisadas afirmaram que "todo homem é" machista, galinha, infiel.

Um mesmo ideal masculino aparece nos meus pesquisados: aquele do homem que tem centenas de parceiras ao longo da vida e é infiel. Essa ideia de uma essência masculina mais infiel do que a feminina faz parte do imaginário social e está presente em inúmeros estudos científicos, como os registrados no livro *Guerra de esperma*, que tentam provar que a infidelidade masculina está ancorada em uma suposta natureza biológica que faz com que os homens tentem distribuir ao máximo seus espermas para garantir a reprodução do maior número de filhos e de seus genes.

De acordo com o mesmo livro, no mundo inteiro foi calculado, a partir de estudos de grupos sanguíneos, que cerca de 10% das crianças na verdade não foram geradas pelos homens que pensam ser os pais delas. O livro ainda afirma que os homens irão transar, ao longo da vida, com cerca de 12 mulheres, e elas, com cerca de 8 homens.

Dentre os homens que pesquisei, os que tiveram poucas parceiras sexuais durante a vida e que se diziam fiéis às esposas se percebiam como desviantes, já que, para eles, a maior parte de seus amigos teve muito mais mulheres e era infiel. Todos demonstraram se sentir fora de um padrão de masculinidade, por acreditarem que têm um comportamento sexual fora da média.

Chama muita atenção o papel dos amigos nos discursos dos pesquisados. Nos depoimentos dos jovens que tomaram Viagra, nos depoimentos sobre iniciação e performance sexual, aparecem muitas referências aos amigos. É possível perceber uma comparação – ou competição – do próprio comportamento sexual com o dos amigos. A proximidade do modelo de masculinidade – já que são os amigos que têm mais parceiras ou são infiéis, e não os homens em abstrato – torna a pressão para se ter um comportamento dentro da média ainda maior.

Outra hipótese para a imprecisão das respostas masculinas pode ser a de que os pesquisados realmente não se lembrem de todas as suas parceiras, confirmando a ideia de que os homens, muito mais do que as mulheres, tendem a dissociar o sexo do afeto. Já as mulheres associariam o exercício da sexualidade ao amor pelo parceiro. Elas teriam um discurso muito mais preciso porque deveriam se lembrar de todos os seus parceiros, já que, supostamente, estariam envolvidas afetivamente com eles. As mulheres poderiam lembrar melhor porque, acredita-se, teriam menos parceiros sexuais ao longo de suas vidas (ou deveriam ter). Nesse sentido, o fato de terem poucos parceiros não precisaria ser escondido ou encoberto com respostas imprecisas.

As mulheres têm medo de serem acusadas de putas, vagabundas ou galinhas por terem tido mais parceiros do que a média. Não é à toa que a revista *Cosmopolitan* receitou às suas leitoras que, quando indagadas sobre o número de parceiros que tiveram ao longo de suas vidas, respondessem um número "entre 3 e 11".

90

Não trabalho, não como, não durmo, estou completamente doente. Tenho sensações e sintomas que nunca tive antes. Vômitos, diarreias, enxaquecas, dores no peito. Tenho ataques de pânico, sinto-me sufocada, acho que vou morrer. Oscilo entre momentos de depressão e de euforia, de dor e de prazer. Meu celular está sempre ligado e estou pronta para me encontrar com ele a qualquer momento: de manhã, de tarde, de noite, de madrugada. Não consigo me concentrar, ler um livro, escrever uma matéria. Já interrompi entrevistas e reuniões de trabalho para ir me encontrar com ele. Abandonei os meus amigos, os meus programas, o meu companheiro, a minha casa, as minhas viagens, a minha própria vida. Estou sempre muito ansiosa e irritada, com tudo e com todos. Não tenho a menor paciência e interesse por nada mais.

Lógico que devo estar sendo uma pessoa insuportável. Mas meu companheiro continua sem dizer nada. Não sei muito bem como lidar com ele, mas, de certa forma, o seu silêncio é conveniente para mim. Não sou obrigada a tomar uma decisão ou falar sobre coisas que provavelmente provocariam rupturas, com um ou com o outro.

Com o outro, estou sempre disponível. Nunca ligo para ele. Sempre espero ele me ligar. Tenho medo de ligar e ele estar com a ex-mulher ou com a filha, ou até com outra mulher. Tenho medo de que ele me trate mal, me ache pegajosa. Medo de que ele não atenda, medo de que ele me dispense. Estou totalmente insegura, covarde, frágil. Não me reconheço nesse personagem e, sinceramente, não gosto dele.

Soube, pela amiga que nos apresentou, que ele fez um jantar na casa dos pais para festejar seu aniversário. Ele não tocou nesse assunto comigo, nem para explicar porque não me convidou. Estou sempre me sentindo rejeitada, excluída, desprezada, desrespeitada, ignorada. Mas, quando estou na cama com ele, esqueço de tudo e sou completamente feliz.

91

Quando perguntei "Quais os principais problemas que você vive ou viveu em seus relacionamentos amorosos?", percebi enormes diferenças entre os discursos femininos e masculinos. De semelhante, deve-se destacar que, entre os principais problemas apontados por homens e mulheres, dois são comuns: infidelidade e ciúme.

Os homens apontaram que o principal problema que viveram em suas relações, além da infidelidade e do ciúme, foi a falta de compreensão.

As mulheres responderam: infidelidade, ciúme, egoísmo, incompatibilidade de gênios, falta de intimidade, falta de confiança, falta de sinceridade, falta de diálogo, falta de liberdade, falta de paciência, falta de atenção, falta de companheirismo, falta de maturidade, falta de amor, falta de carinho, falta de tempo, falta de tesão, falta de sexo, falta de respeito, falta de individualidade, falta de dinheiro, falta de interesse, falta de reciprocidade, falta de sensibilidade, falta de romance, falta de intensidade, falta de responsabilidade, falta de pontualidade, falta de cumplicidade, falta de igualdade, falta de organização, falta de amizade, falta de alegria, falta de paixão, falta de comunicação, falta de conversa etc. Algumas ainda afirmaram que falta tudo.

Enquanto os homens foram extremamente objetivos e econômicos em suas respostas, algumas mulheres chegaram a anexar e grampear folhas ao questionário para acrescentar mais e mais faltas.

Na questão em que peço que descrevam um modelo ideal de vida de um casal, os homens responderam: "com compreensão".

Um número expressivo de homens respondeu: "com paz". É curioso que vários homens responderam "sem brigas", enquanto muitas mulheres fizeram questão de destacar que o modelo ideal seria "com algumas brigas".

Homens e mulheres encaram a traição de maneiras diferentes. Homens traem, basicamente, por se sentirem atraídos sexualmente e porque as circunstâncias lhes foram favoráveis. Poucas vezes a traição masculina tem a ver com amor, envolvimento afetivo ou insatisfação sexual ou amorosa com a esposa. No caso das mulheres, os motivos mais citados foram as faltas do marido ou do casamento.

92

Quando penso na minha vida sexual, percebo que demorei a gostar de sexo. E isso não tem nada a ver com a quantidade de parceiros que tive, mas, talvez, com a qualidade das relações que vivi. Com quase todos tive relacionamentos muito breves, sem muita intimidade. Fui muito ativa nessas relações. Chegar ao orgasmo era a minha meta, e quanto mais rápido, melhor.

Com ele, sou o oposto do que sempre fui. Nunca cobro, reclamo, pergunto. Sempre calada e pronta para o que ele quiser de mim. Ultimamente, ele tem me amarrado na cama e não posso nem me mexer. A passividade mais absoluta, o prazer mais desconhecido. Eu penso nele o dia inteiro; é uma verdadeira obsessão.

Estou exausta, completamente doente física e psicologicamente. Mas não quero me separar dele. E morro de medo de que ele não me procure mais. Faço um esforço desesperado para provar que ele nunca terá outra mulher tão submissa quanto eu sou.

Sempre acreditei que toda e qualquer relação entre um homem e uma mulher é uma relação de poder, de dominação. Daí ter decidido que, já que teria que viver uma relação de dominação, eu preferia estar no polo dos que dominam. Eu ditei as regras do jogo em praticamente todas as relações que vivi. Com meu atual companheiro, como disse, estou vivendo algo muito mais igualitário, não consigo enxergar uma disputa pelo poder entre nós. Mas com o outro é o oposto, ele tem completo domínio sobre mim e tem consciência de que me domina. E eu gosto de, pela primeira vez na vida, ser completamente dominada por um homem.

93

Apesar de muitos comportamentos masculinos e femininos não estarem mais tão distantes, inclusive no que diz respeito à traição – como mostram os dados da minha pesquisa em que 60% dos homens e 47% das mulheres afirmaram já ter sido infiéis – os discursos femininos e masculinos são extremamente diferentes.

Um dado a ser pensado é o diferente posicionamento de homens e mulheres no que diz respeito às causas da traição. Os homens se justificam por terem uma natureza propensa à infidelidade. Nas respostas femininas encontrei insatisfação com o parceiro como a principal justificativa para a traição. Muitas mulheres, mesmo sendo mais livres em seus comportamentos sexuais, adotam o discurso de vítima da dominação masculina.

No discurso dos homens e das mulheres, a culpa da traição é sempre do homem: seja por sua natureza incontrolável, seja por seus inúmeros defeitos (e faltas) no que diz respeito ao relacionamento. É bem verdade que essa ideia não pode ser generalizada, mas o fato de surgir frequentemente nos faz refletir sobre a ambiguidade entre os comportamentos e os discursos sobre o sexo.

A ideia de cultura vitimária pode ser útil para pensar esse discurso que culpabiliza o homem pela traição. A cultura vitimária constrói o homem como lúbrico, cínico e violento, e a mulher é apresentada como um ser inocente, bom, desprovido de agressividade. "Todo o mal se enraíza no macho." Tem-se a vitimização imaginária do feminino e a satanização do masculino. A cultura vitimária, diz Gilles Lipovetsky, veicula a imagem de uma mulher infantil e impotente. As mulheres oferecem a imagem de si como seres incapazes de se defender – e de se responsabilizar pelos seus desejos –, aspirando mais a serem protegidas do que a controlar elas próprias seu destino.

Se é inquestionável que, nas últimas décadas, houve uma revolução nas relações conjugais, pode-se verificar que, na questão da infidelidade, ainda existe um privilégio masculino, isto é, ele é o único que se percebe e é percebido como sujeito da traição. Enquanto a mulher, mesmo quando trai, continua se percebendo como uma vítima, que no máximo reage à dominação masculina.

Os comportamentos sexuais podem ter mudado, tendendo a uma maior igualdade, mas o discurso sobre o sexo ainda resiste às mudanças. Os discursos estabelecem e reafirmam as diferenças de gênero, até mesmo quando o comportamento parece recusar estas diferenças. Não estou afirmando que não existam diferenças no comportamento sexual feminino e masculino, mas, como sugerem os dados da minha pesquisa, elas não são tão grandes assim.

94

Estava caminhando na praia, no último domingo, quando vi os dois. Ele, o mesmo cara com quem eu tinha transado a noite toda, caminhando com uma loira. Ele me olhou, sem prestar atenção, e sem parar disse: Oi, Mônica, tudo bem? Como vai?

Sem esperar resposta, continuou andando, como se eu não existisse. Como se eu fosse invisível. Fiquei paralisada, não acreditei no que tinha acontecido. O mesmo cara, o mesmo homem que gozou tantas vezes comigo durante a madrugada, passou por mim, poucas horas depois, como se mal me conhecesse, sem parar, sem me olhar direito: Oi, Mônica, tudo bem? Como vai?

E continuou todo animado conversando com a loira. Já tinha passado por inúmeras situações humilhantes com ele, mas essa foi a pior.

Cheguei em casa desesperada. Eu precisava fazer algo para me acalmar. E fiz. Escrevi um e-mail contando tudo o que estou vivendo e sofrendo. E enviei para os dois, para o meu companheiro e para o outro.

Tomei um calmante e dormi até o dia seguinte.

95

É impossível responder à pergunta colocada como título do livro, *Por que mulheres traem?*, pois cada uma das pesquisadas tem suas próprias motivações para a traição. Das 835 mulheres das camadas médias do Rio de Janeiro que responderam ao meu questionário, 47% afirmaram que já traíram os maridos ou namorados.

O que mais me chamou a atenção foi a ênfase com que as mulheres apontaram a falta de intimidade com o marido como motivo para a traição. Entre os demais motivos para a infidelidade feminina, os mais frequentemente citados foram os seguintes:

Insatisfação com o parceiro;
Defeitos do parceiro;
Crise no relacionamento;
Problemas no relacionamento;
Rotina;
Tédio;
Rejeição;
Carência;
Solidão;
Vingança;
Raiva;
Levantar a autoestima;
Sentir-se desejada;
Sentir-se amada;
Sentir-se bonita;

Sentir-se única;
Sentir-se especial;
Sentir-se poderosa;
Sentir-se valorizada;
Sentir-se importante;
Sentir-se cuidada;
Sentir-se protegida;
Falta de comunicação;
Falta de diálogo;
Falta de atenção;
Falta de amor;
Falta de carinho;
Falta de sexo;
Falta de tesão;
Falta de elogios;
Falta de romance;
Falta de companhia;
Falta de companheirismo;
Falta de cumplicidade;
Falta de amizade;
Falta de tempo;
Falta de respeito;
Falta de dinheiro;
Falta de interesse;
Falta de reciprocidade;
Falta de sensibilidade;
Falta de intensidade;
Falta de igualdade·
Falta de alegria;
Falta de paixão;
Falta de liberdade;
Falta de tudo.

96

Por que homens traem? Dos 444 homens das camadas médias do Rio de Janeiro que responderam ao questionário, 60% afirmaram que já traíram suas esposas ou namoradas. Eles apontaram, basicamente, um único problema no relacionamento: falta de compreensão. Os motivos para a traição mais apontados por eles foram, em geral, muito diferentes dos mencionados pelas mulheres:

Crise do casamento;
Crise pessoal;
Natureza masculina;
Essência masculina;
Poligâmico por natureza;
Vocação;
Hormônios;
Testosterona;
Testicocefalia;
Genética;
Galinhagem;
Machismo;
Índole;
Instinto;
Personalidade;
Imaturidade;
Vontade;
Oportunidade;
Curiosidade;

Pressão dos amigos;
Competição com os amigos;
Não dá para comer feijão com arroz todos os dias;
Variedade;
Aventura;
Novidade;
Estímulo;
Vaidade;
Ego;
Autoafirmação;
Status;
Atração física;
Tesão;
Assédio sexual das mulheres;
Não dizer não a uma cantada;
Não resisti;
Disponibilidade;
Fraqueza;
Bebida;
Porque a mulher era linda;
A carne é fraca;
Ela mereceu;
Burrice;
Sou fiel a mim mesmo;
É difícil ser fiel;
Não tive alternativa;
Hobby;
Carnaval;
Diversão;
Descarregar a energia sexual;
Apetite sexual;
Para descobrir se era melhor que minha esposa;
Não lembro;
Porque sim.

97

Enquanto eu lia as páginas que Mônica me entregou, ela chorava. A mulher forte, independente e segura que ela pareceu ser em nossos primeiros encontros tinha desaparecido. Ela parecia uma garotinha frágil e desamparada, dominada pelo desespero e pela incapacidade de optar. Meu desejo era abraçá-la, mas não fiz absolutamente nada.

Subitamente ela se levantou dizendo que precisava ir embora. Tive vontade de ir atrás dela, mas não fui.

Ela não apareceu mais em nossos encontros. Não me ligou. Não me escreveu. Nunca mais a encontrei.

98

Em um dos meus grupos de pesquisa, uma viúva de 68 anos me disse que está muito feliz, pois namora, há mais de dois anos, um homem bem mais jovem do que ela. Ele tem 40 anos e é casado com uma mulher de 32. Ela contou que eles se encontram quase todos os dias da semana, sempre na hora do almoço.

> Ele diz que está comigo porque sou carinhosa, compreensiva, alegre. Ele me chama de *sweetheart*. Eu adoro! Reclama que a mulher dele é muito mandona, briga muito, exige demais. Ele morre de medo dela. Sabe como ele chama a mulher? Bruxa, megera... Ele sente falta de carinho, de aconchego, quer alguém que cuide dele, que o admire, que o respeite. Sei que não é por falta de opção que ele está comigo. Então, eu capricho. Estou sempre cheirosa e arrumada, sou carinhosa, cuido dele, faço muita massagem, preparo comidinhas gostosas, sou compreensiva, atenciosa, digo que ele é o melhor amante do mundo. Não cobro nada, não reclamo de nada. E ele sempre volta para mim.

Recentemente, após um debate sobre a questão da infidelidade nos casamentos contemporâneos, uma mulher me disse: você tem que me entrevistar, eu tenho uma Outra. Ela contou que é casada há dez anos, tem dois filhos e que sempre achou, e ainda acha, que é 100% heterossexual.

> Sou heterossexual. Só que nunca consegui ter a intimidade que tanto desejo com um homem. Eles não sabem dar um abraço aconchegante ou escutar verdadeiramente uma

mulher. E, quando tento explicar a diferença entre uma conversa íntima e uma fala vazia, eles não compreendem. O sexo com minha amiga é consequência de horas e horas de intimidade. Só com ela consegui ter a intimidade que sempre busquei. Nunca me senti tão próxima de um homem, nunca me senti tão escutada por um homem. Acho que os homens são completamente ignorantes em tudo o que diz respeito à intimidade.

Não posso deixar de mencionar a polêmica questão da traição virtual. Entrevistei homens e mulheres que vivem ou viveram esse tipo de relacionamento pela internet. Conheci inúmeros casos amorosos e sexuais que começaram pela internet e provocaram intensas paixões, mas, também, causaram extremos sofrimentos, ciúmes, separações, instigando uma discussão acirrada sobre se as relações que se limitam ao computador devem ser consideradas infidelidades ou apenas uma nova forma de masturbação estimulada pelas novas tecnologias de comunicação.

Entrevistei alguns homens e mulheres que disseram ter uma vida amorosa e sexual bastante intensa e excitante com seus amantes virtuais. Disseram que as vantagens desse tipo de relação são incomparavelmente superiores às desvantagens, tais como: poder estar com o amante somente quando tem vontade; deletar o amante quando está cansado dele; não correr o risco de contrair doenças; não se sentir traindo verdadeiramente o cônjuge, já que a relação é apenas virtual.

Uma das mulheres que pesquisei relaciona-se, há quase um ano, com um homem que conheceu na internet. Ele mora em uma pequena cidade dos Estados Unidos e ela no Rio de Janeiro. Ele tem 43 anos, ela 47. Falam-se todos os dias, algumas vezes chegam a conversar mais de seis horas, durante a madrugada. Ela me disse que tem muito mais intimidade e diálogo com ele do que tem com o marido, com quem é casada há muitos anos.

> É um tipo de namoro antigo, uma intimidade a distância, por mais paradoxal que possa parecer. É uma sedução e uma conquista passo a passo, como não existe mais no mundo real. Primeiro nos conhecemos, começamos a conversar muito só teclando. Depois nos falamos pelo skype, só com o microfone. Eu enviei minhas fotos, ele enviou as dele. Tudo muito mais lento do que se eu estivesse tendo um caso no mundo real. Só depois de alguns meses, concordei em ligar a minha câmera de vídeo. Hoje, nos falamos todas as noites, quando o meu marido está dormindo ou viajando. É tudo muito romântico. Adoro a sua voz, ele adora a minha voz. Fazemos sexo, quase todos os dias. Ele se masturba e eu me masturbo. Adoro gozar ouvindo e vendo o seu gozo. Gozamos juntos, quase sempre. Ele fala muito em vir para o Brasil, quer se casar comigo. Eu quero continuar como estamos. Nunca tive este tipo de conversa tão profunda e íntima com outro homem, não sei se porque ele não é brasileiro, não sei se é porque só temos isso para oferecer um ao outro. Mas não quero correr o risco de perder algo tão importante para mim: a nossa intimidade. Ele diz que sou a mulher dos seus sonhos, que é totalmente fiel a mim, que não tem mais ninguém. E quer o mesmo de mim. Sei que pode ser só uma fantasia, uma projeção e que tudo pode acabar se nos encontrarmos no mundo real. Sei que posso não gostar do seu hálito, dos seus beijos, do cheiro do seu corpo. Mas prefiro a intimidade que temos no mundo virtual à intimidade que jamais tive no mundo real, mesmo que seja apenas uma ilusão de intimidade.

Pode-se perceber, nos discursos dos homens e mulheres pesquisados, um verdadeiro abismo entre os gêneros quanto ao valor e ao significado da intimidade nos atuais arranjos conjugais.

As minhas pesquisadas reclamam que não conseguem ter intimidade com os maridos ou namorados. No entanto, quando pergunto para os homens, eles acham que têm intimidade com suas parceiras com quem compartilham momentos que consideram muito íntimos, como fazer sexo, beijar, tocar, ficar nu. Para eles, a intimidade é da ordem do corporal, do toque, da visão. É uma intimidade física. É uma intimidade sexual.

Elas reagem: esta não é a verdadeira intimidade, não é uma intimidade íntima. Intimidade, para elas, é um tipo muito particular de estar juntos, de conversar, de escutar, de compartilhar o silêncio, um nível mais profundo de comunicação psicológica, da ordem da subjetividade. É uma intimidade emocional.

Para os homens que pesquisei, a intimidade tem gradações, níveis, escalas. Eles podem ter mais ou menos intimidade, pouca ou muita intimidade, falar de um problema com alguns familiares e de outro com amigos. Eles hierarquizam e medem a intimidade que têm com as pessoas, classificam com quem podem (ou não) falar sobre mulheres, trabalho, futebol, política etc. É uma intimidade repartida, partida. Para alguns homens, a intimidade é da ordem do segredo, do que pode ser dito apenas para aqueles em quem confiam (pais, irmãos, esposa, namorada, amigos) ou do que não pode ser dito para ninguém. Muitos disseram que só têm intimidade total consigo mesmos: que existem coisas que só podem e devem ser ditas para si. Coisas que não interessam a mais ninguém, que devem ser guardadas, reservadas, protegidas.

Alguns homens me disseram que quando estão com problemas no trabalho ou com a mulher, desabafam com o amigo que, imediatamente, diz: vamos beber. Consideram que assim conseguem esquecer o problema que, efetivamente, passa. Já as mulheres, ruminam, por muito tempo, os seus problemas. Repetem exaustivamente os mesmos problemas sem buscarem uma solução. Nenhuma me disse que adota a tática do "vai passar, vamos beber e esquecer".

Os homens querem esquecer, as mulheres relembram incessantemente. Eles querem resolver o problema, de preferência muito rapidamente. Elas querem refletir sobre o problema, sem necessariamente resolvê-lo. Os familiares e amigos íntimos são fundamentais para reforçar tanto a postura de esquecer como a de refletir sobre os problemas. Eles têm uma visão prática da intimidade. É uma intimidade objetiva. Elas têm uma percepção reflexiva da intimidade. É uma intimidade subjetiva.

Para as mulheres, a intimidade parece estar relacionada a uma forma específica de conversar, não ao seu conteúdo. É uma intimidade sem gradação, nível, escala. Ou se tem, ou não se tem intimidade. É uma intimidade única. É um jeito de falar sobre si, e de ser escutada pelo outro. Sem interferências, sem medo de ser julgada, de ser rejeitada, criticada, ironizada. É um tipo de conversa especial, de entrega singular, de quem fala e de quem escuta. É uma conversa em que existe aceitação, respeito, troca, apoio. Em que os dois podem ser vulneráveis e revelar suas fragilidades e medos. Pode ser uma intimidade silenciosa. O importante é que não exista ruptura, ruído, atrito, neste tipo de encontro. Ela é singular, especial, a dois. Não necessita de um tópico especial ou de um segredo. É um jeito muito particular e valorizado de falar e, principalmente, de ser escutado. O outro deve ser maleável, flexível, adaptável, para saber como ser passivo, e simplesmente escutar sem interferir, ou, quando necessário, ser ativo e dar algum tipo de resposta. Um nível profundo e psicológico de comunicação e de reciprocidade. É a intimidade íntima. Coisa que, elas dizem, os homens são incapazes de compreender.

Os meus pesquisados acreditam em naturezas diferentes para homens e mulheres, naturezas que geram dificuldades, conflitos e frustrações nas relações amorosas. Uma das maiores insatisfações femininas, entre as inúmeras citadas, é a impossibilidade de experimentar uma verdadeira intimidade, ou como disseram, uma intimidade íntima com o parceiro.

Nos discursos femininos é possível enxergar a ideia de que a natureza da mulher, em termos de autoconhecimento e de exploração da subjetividade, é superior à masculina. A objetividade, praticidade e racionalidade masculinas, bastante valorizadas em outros contextos, tornam-se impedimentos para um relacionamento íntimo. Elas se sentem lesadas por acreditarem que investem muito mais do que eles nesta busca por intimidade.

Para as mulheres, a intimidade íntima só é possível em relações em que os parceiros possam se despir, sem medo, de suas máscaras sociais. Relações em que eles possam ser autênticos, espontâneos, transparentes, verdadeiros. A intimidade, para elas, está associada a uma forma mais profunda de comunicação, de conversa, de diálogo, de escuta; um tipo especial de entrega emocional e amorosa. Elas acreditam que os homens são incapazes de serem mais subjetivos, mais reflexivos, mais interiorizados. Acreditam que eles são imaturos, superficiais e alienados; que eles não conseguem expressar seus sentimentos, desejos e sofrimentos como elas.

É interessante perceber que as mulheres falam de si mesmas como superiores aos homens neste domínio tão valorizado por elas e pouco elaborado na vida deles. Elas se consideram mais sensíveis, maduras e profundas do que eles, que são vistos como mais carnais, físicos, sexuais. A intimidade íntima parece ser um privilégio e, também, um poder feminino. O que mostra que as mulheres podem exercer dominação exatamente nos domínios em que constroem e hierarquizam diferenças de gênero. Domínio em que os homens são esmagados pela superioridade feminina. Posso pensar que esta onipresença da ideia de intimidade é parte de um discurso de dominação, que legitima o poder feminino em tudo o que se relaciona ao mundo privado, ao mundo das emoções, dos sentimentos e das relações entre os gêneros.

Já no discurso masculino é possível perceber que eles se sentem injustamente cobrados por não conseguirem corresponder às excessivas demandas das mulheres. Eles dizem que não se sentem compreendidos ou aceitos por elas, que se mostram permanentemente insatisfeitas e não reconhecem seus esforços para responder às ilimitadas e contraditórias exigências femininas.

No material da minha pesquisa, chama muita atenção o fato de as mulheres reclamarem da falta de intimidade com seus parceiros, enquanto os homens se queixam da falta de compreensão de suas mulheres. Esta parece ser a diferença de gênero mais marcante entre os pesquisados. Do lado feminino, a ânsia por intimidade. Do masculino, a busca por compreensão. Talvez aqui, neste descompasso entre os desejos femininos e masculinos, esteja a chave para compreender a questão da infidelidade.

99

Mônica, meu amor,

Achei estranho você me enviar um e-mail quando poderia ter conversado comigo. Já que você preferiu me contar tudo por e-mail, vou responder por e-mail. Eu preferia uma conversa olhos nos olhos, como todas as que tivemos para resolver os nossos problemas.

Esperei muito por esta conversa. Esperei que você me contasse o que está acontecendo na sua vida. Na verdade, acho que tive muito medo de lhe perguntar. Não quis e não quero te perder.

Tentei, racionalmente, conviver com esta situação. Tentei muito. Mas meu coração não suporta a ideia de dividir você com outro homem. Por mais moderno que eu queira ser, as coisas não funcionam de acordo com o nosso desejo.

Tenho percebido o seu sofrimento nos últimos meses, você emagreceu muito, está ansiosa, triste. Lógico que eu sabia que existia alguém, mas não podia imaginar a dimensão deste alguém na sua vida. Achei que era um caso passageiro e que logo você iria voltar para mim. Estava esperando que isso ocorresse, pacientemente, dolorosamente. Estava disposto a esperar o tempo que fosse necessário.

Agora não é mais possível. Depois de tudo o que você escreveu, será insuportável voltar para casa sabendo o quanto você está dominada por este homem. Decidi viajar por um tempo, sair do Rio de Janeiro.

Sei que o seu e-mail foi um pedido de socorro, como se eu pudesse resolver o seu dilema. Não posso e não quero. Não quero carregar a culpa e a responsabilidade por suas escolhas. É um preço muito alto que não estou disposto a pagar. Você vai ter que decidir sozinha desta vez.

Amo você, nestes anos todos nunca deixei de te amar. Amo você, respeito você, admiro você, como minha mulher, minha amante, minha amiga. Você é a única mulher com quem eu quis viver junto, em toda a minha vida. E continuo querendo. Nunca tive dúvidas sobre isso, desde o nosso primeiro encontro. Eu nunca tive ninguém como você. Eu te adoro. Você é a mulher que mais amei em toda a minha vida. Você é a pessoa que mais admiro no mundo.

Desde que estamos juntos, não transei com outra mulher. Quando decidi me casar com você, e desde o primeiro dia que moramos juntos considero que estamos casados, resolvi que queria ter uma vida por inteiro com você, que queria que você se sentisse segura comigo, que não tivesse ciúme. Sempre imaginei como deve ser difícil para você se entregar para um homem depois de tudo o que passou. Tenho sido coerente com a minha decisão. Escolhi você e queria que você se sentisse amada, protegida, desejada por mim. O contrário nunca aconteceu. Sempre me senti inseguro quanto ao seu amor, sempre, não só nos últimos meses.

Você diz que nossa relação sexual se tornou rotineira, mas eu não me culpo por isso. Sei que isso aconteceu por eu ter percebido que você nunca se entregou por inteiro, que nunca quis assumir um compromisso verdadeiro, que nunca foi fiel. Nesses anos todos, sempre me senti incapaz de te completar, te satisfazer, responder aos seus desejos, expectativas, necessidades. Tinha certeza que você iria procurar outros homens ou me abandonar, a qualquer momento. Percebo, agora, que sempre me senti um grande fracasso com você.

Não quero que você deixe de ser a mulher livre e independente que sempre foi. Acho fundamental que estejamos juntos, mas que nos sintamos livres. Não acredito em casamentos baseados no controle. Por isso, nunca quis me casar antes de te encontrar. Nunca fiz questão de um casamento formal. Mas acho que conseguimos um casamento com liberdade, para nós dois. Sempre me senti livre ao desejar ficar só com você estes anos todos, livre para ser fiel ao nosso amor.

Só que é óbvio que não é nada fácil conviver com a insegurança que seu comportamento provoca em mim. Tento ser um homem maduro e compreensivo, mas não sou de ferro. Tenho esperado, todos estes anos, que você pare de fugir de mim e se entregue sem medo. É isso que eu quero que você queira. Estar comigo, por inteiro, não só como amigo, mas como marido, como amante, como companheiro.

Tenho certeza de que você é a mulher com quem eu quero viver para sempre. Não sou maluco de desistir de você. Só se você desistir de mim, de nós. Se você decidir ficar comigo, estarei de volta em poucos dias. Se não, tentarei continuar sendo o seu melhor amigo.

Amo você, Mônica, pode ter certeza disso. Não precisa ter medo, nunca vou te abandonar.

100

Mônica,

Você sabe a dificuldade que tenho para me expressar, para falar e, principalmente, para escrever. Liguei várias vezes para o seu celular, mas, como você não atende, deduzi que não quer mais falar comigo. Apesar da enorme dificuldade, vou tentar responder ao seu e-mail.

Passei a noite inteira lendo e relendo o seu desabafo. Estou há horas buscando as palavras certas para te dizer. Não quero errar mais uma vez, como errei nesses últimos meses. Não quero cometer erros de português. Não quero que você pense que sou um completo ignorante que nem sabe como escrever um e-mail.

Você pode ter razão em quase tudo, inclusive no meu modo de ser distante, grosseiro e calado. A única coisa em que você não tem razão é dizer que nunca gostei de você. Gostei e gosto muito de você, o máximo que consigo gostar de alguém. Sou feliz quando estou com você, invejo sua inteligência e independência.

Na cama, você é muito mais do que uma puta para mim. Nunca senti tanto prazer com uma mulher, nunca me senti dando tanto prazer a uma mulher. Sempre achei que você queria as coisas deste jeito. Aliás, você me disse inúmeras vezes que não queria se comprometer ou mudar sua vida. Sempre pareceu orgulhosa de ser uma mulher livre, diferente das mulherzinhas, como você mesma diz, e poder pagar as contas do motel. Para mim, era contraditória esta situação Lógico que eu gosto quando você paga as contas. Mas me sinto humilhado com esta necessidade sua de se mostrar tão poderosa, sabendo que eu estou vivendo uma situação financeira péssima, depois da minha separação.

Apesar disso tudo, de você ser meio metida e arrogante, adoro ficar com você. Você é muito mais do que a melhor chupada que tive na vida. Você é a mulher mais inteligente, criativa, gostosa, safada, divertida, com quem me relacionei. Uma puta também, mas uma puta meiga, doce, carinhosa.

Nunca deixei que ninguém me penetrasse tão profundamente quanto você, em todos os sentidos. Você é a melhor mulher com quem já transei em toda a minha vida. Tive muitas mulheres, mas nenhuma que gostasse tanto de transar comigo, que topasse tudo, que não me censurasse. Nunca nenhuma investiu, como você, nos nossos encontros. Eu adoro seu cheiro, seu gosto, seu corpo, seus peitos, sua bunda, seus pés, sua boca, seu sorriso. Nunca tinha encontrado uma mulher com a qual eu pudesse realizar todas as minhas fantasias.

É verdade que fugi de você muitas vezes, que te ignorei quando estava com outras mulheres, que deixei de ir a alguns encontros. Eu não estava por inteiro com você, como você disse no e-mail. Preciso antes resolver a situação com minha ex-mulher. Você tem razão. Pode ser até neurose, só porque ela não quer mais saber de mim, porque encontrou um cara rico e me sinto um fracassado, pode ser tudo isso.

É verdade que penso nela quando estou na cama com você, que gosto que você me faça gozar quando estou falando com ela no telefone. É tudo verdade, não vou negar nada. Não te contei, mas estou fazendo terapia de casal com ela para tentar resolver alguns problemas da nossa filha que está fumando maconha e indo muito mal na escola. Acho até que ela está transando com outra menina. Estou pensando, seriamente, em fazer análise. Coisa que jamais imaginei que faria.

Ao contrário do que você pensa, quero me curar desta doença. Nunca te perguntei nada, mas sei que você tem outra pessoa, sempre soube, desde o nosso primeiro encontro. Talvez isso tenha atrapalhado o nosso caso. Muitas vezes senti ciúme, raiva e inveja dele. Acho que fui agressivo, algumas vezes, por causa desse ódio de você não ser só minha. Mas como poderia cobrar algo de você se tenho esta obsessão pela minha ex-mulher?

Vou te dizer uma coisa que nunca disse antes: você me faz sentir muito inferior a você, muito burro, muito ignorante. Adoro te ouvir, aprendo muito com você. Mas às vezes me sinto muito mal por não ser um intelectual, não ler tanto quanto você lê, não estar tão por dentro das coisas como você está. Até ir ao cinema com você é complicado, pois você quer analisar tudo, discutir tudo. Por isso prefiro ir ao motel e transar com você. É onde me sinto seguro e posso ser superior a você. O único lugar em que não me sinto tão por baixo. Deve ser isso que chamam de complexo de inferioridade, sei lá. Só sei que a única forma de me sentir um homem de verdade com você é na cama. No resto, parece que você é o homem, apesar de ser tão feminina. Você é muito mais dona do seu nariz do que eu sou do meu.

Apesar deste complexo todo, sempre senti e sinto agora uma vontade enorme de te ver, te beijar, te comer. Não é verdade que sinto tesão por qualquer mulher. Nunca senti tanto tesão por ninguém, nem pela minha ex-mulher. Mas sei que você não vai acreditar em mim, depois de tudo o que fiz e falei nos últimos meses. Não sei se sou o homem que pode te fazer feliz. Gostaria de ser. Se você nunca mais quiser me ver, vou entender, mas sei que vai ser difícil encontrar outra mulher como você. Se você não me quiser mais, saiba que não vou te esquecer, que você é e foi muito especial para mim.

Perdão por ter te feito sofrer tanto. Não tinha ideia do que você estava sentindo, não achava que estava te desrespeitando, humilhando, dominando. Sempre achei que era isso o que você queria.

Obrigado por me fazer feliz, na cama e fora dela. Obrigado por ter me dado a certeza de que não sou um fracasso total como homem e que ainda posso dar prazer a uma mulher. Obrigado por ter me dado tanto, sem pedir nada em troca. Obrigado por me fazer sentir tão vivo nestes últimos meses. Obrigado por ter feito parte da minha vida.

Se você me quiser novamente eu prometo que vou tentar mudar. Prometo que vou tentar não te magoar nunca mais. Vou tentar, é o máximo que posso te prometer.

Vou terminar por aqui porque tenho que levar minha filha ao dentista e já estou atrasado.

Por que homens e mulheres traem?

Mulher desiludida, de Simone de Beauvoir, é uma das mais belas narrativas sobre o sofrimento de uma mulher que descobre que é traída. Monique tem 44 anos quando seu marido, Maurice, com quem é casada há 22, lhe confessa que é infiel.

> Aconteceu. Aconteceu logo a mim... Orgulho imbecil. Todas as mulheres acreditam-se singulares, todas pensam que determinadas coisas não lhes podem acontecer e todas se enganam.

Ela, que se dedicou inteiramente ao marido e às duas filhas, se vê sem rumo, inesperadamente. Desesperada, procura os conselhos das amigas, espiona o marido e a amante, adoece, busca um grafólogo e um psiquiatra, engole álcool, estimulantes, tranquilizantes e soníferos em excesso. No início, acredita que o marido irá perceber seu erro e se cansará, rapidamente, da amante. Depois, busca as razões de seu fracasso como mulher.

> Tive esta manhã uma iluminação: tudo é culpa minha. Meu erro mais grave foi não compreender que o tempo passa. Ele passava e eu estava estática na atitude de ideal esposa de um marido ideal. Em lugar de reanimar nossa vida sexual, eu me fascinava nas lembranças de nossas antigas noites. Eu imaginava ter guardado meu rosto e meu corpo de 30 anos, em lugar de me cuidar, de fazer ginástica, de frequentar um instituto de beleza. Deixei minha inte-

ligência atrofiar-se: eu não me cultivava mais, e me dizia: mais tarde, quando as pequenas me tiverem deixado... Não deveria também ter-me obstinado em nosso pacto de fidelidade. Se tivesse devolvido a Maurice a sua liberdade – e talvez usado a minha – Noellie não teria se beneficiado dos prestígios da clandestinidade... É ainda tempo?... Já comecei a ler um pouco e ouvir discos. Farei esforços para perder alguns quilos e melhor me vestir, conversar mais livremente com Maurice, recusar o silêncio.

Após se aconselhar com as amigas – que dizem para ela ter paciência aceitar a situação, esperar que ele se canse da novidade, trabalhar, procurar um psiquiatra –, Monique decide perguntar para sua filha quais foram os seus erros.

– Mas, mamãe, depois de 15 anos de casamento, é natural que não se ame a mulher mais. O contrário é que seria espantoso!
– Existem pessoas que se amam a vida inteira.
– Elas fingem.
– Escute. Não me responda com generalizações, como os outros: é normal, é natural. Isto não me satisfaz. Certamente, eu tive erros. Quais?
– Errou acreditando que as histórias de amor duravam. Eu compreendi: quando começo a me agarrar muito com um tipo, arranjo outro.
– Então você não amará nunca!
– Não, é claro. Você vê aonde isso nos leva.
– Para que viver se não se ama ninguém? Não posso desejar não ter amado Maurice, nem mesmo hoje não mais amá-lo. Eu queria que ele me amasse... Por que motivo você julga que seu pai me deixa?
– Com frequência, os homens nessa idade têm vontade de começar uma vida nova. Imaginam que ela será nova toda a vida.
– Você não acha que ele se comportou como um sujo?

– Francamente, não. Ele tem, certamente, ilusões quanto a essa mulherzinha. É um ingênuo, não um sujo.

– Acha que ele tem o direito de me sacrificar?

– Evidentemente, é duro para você. Mas por que ele deveria sacrificar-se? Eu sei bem que não farei sacrifícios por ninguém.

Monique quer entender o que está lhe acontecendo. Busca o culpado para o fim de um casamento que considerava perfeito. A filha responde de forma objetiva, explicando o que acontece com todos os casamentos. Mostra que não é racional esperar um casamento feliz com cônjuges fiéis, já que a infidelidade é normal ou natural, "uma questão estatística".

– É uma questão de estatística. Quando você aposta no amor conjugal, você ganha a vantagem de ser abandonada aos 40 anos, as mãos vazias. Tirou um mau número, mas não é a única.

– As estatísticas não explicam o que acontece a mim!

A lógica da filha não ajuda Monique a compreender o seu drama singular. Ela acreditava que seu casamento era diferente dos demais, imune às traições, pois estava baseado em um pacto de fidelidade. Monique não aceita que seu sofrimento seja reduzido a uma questão estatística. A fantasia de ser única, especial, insubstituível, superior à amante do marido, vai se desmoronando durante a sua busca desesperada pela verdade. A ilusão de fidelidade e a certeza de ter um casamento perfeito são destruídas.

O caso de Mônica aqui apresentado é exemplar para pensar a ambiguidade dos desejos femininos: o conflito entre a luta para ser independente e a submissão à dominação masculina, a ambivalência entre a busca de uma relação estável baseada na amizade e a obsessão por uma paixão ancorada no sexo. Mônica me procurou e desapareceu algumas semanas depois. Ela, dessa forma, determinou o início e o fim da história que me foi contada.

Não sei o que aconteceu com a sua vida, mas poderia arriscar algumas hipóteses. O seu desaparecimento sem explicação pode ser visto como um suicídio simbólico: o fim do seu processo de reflexão. Ela enviou para seus dois homens um mesmo e-mail. Posso interpretar esse gesto como a tentativa, desesperada, de integrar seu companheiro e o outro em um único homem. Mônica sempre se refere ao seu amante como "o outro".

Talvez ela tenha escolhido ficar com um deles. Talvez tenha desistido dos dois e buscado um novo amor. Talvez esteja só. Ela parecia consciente da repetição do mesmo tipo de comportamento em sua vida amorosa e sexual. Parecia cansada desse padrão.

Reli todos os livros de Simone de Beauvoir enquanto escrevia *Por que homens e mulheres traem?*. Ela, com o seu sofrimento por não conseguir conciliar seu amor necessário e seu amor contingente, revelou que a teoria é muito mais fácil de ser elaborada nos livros do que de ser vivida na prática. Ela, que recusou duas vezes se casar, primeiro com Sartre e depois com Algren, descobriu o preço que deveria pagar por não abrir mão de sua liberdade.

"Penso sinceramente que o casamento é uma instituição decadente e que, quando se ama um homem, não é preciso estragar tudo, casando-se com ele", escreveu Simone de Beauvoir em uma de suas cartas a Algren.

Se Simone de Beauvoir, que não tinha ilusões sobre o casamento e a fidelidade, e não seguia os modelos socialmente dominantes do seu tempo, não conseguiu amenizar seu próprio sofrimento, e o de seu amante, sei que não conseguirei, com este livro, amenizar o sofrimento de Mônica e o de outras mulheres e homens que vivem seus dilemas amorosos e sexuais como se fossem dramas únicos e incomparáveis. Procurei revelar que a infidelidade está muito longe de ser um fracasso individual. Tentei mostrar que, como uma pérola rara, a fidelidade permanece como um valor fundamental dos modernos e tradicionais arranjos conjugais na cultura brasileira.

Apesar de pesquisar a infidelidade na cultura brasileira há mais de duas décadas, de ter levantado inúmeras questões e de ter sugerido algumas hipóteses sobre o tema, chego, ao final, sem conseguir responder conclusivamente à pergunta do título deste livro: *Por que homens e mulheres traem?*

Prefiro terminar como Simone de Beauvoir em uma de suas memórias:

> Dessa vez não darei uma conclusão a meu livro. Deixo ao leitor o encargo de extrair dele as que lhe aprouverem.

Referências bibliográficas

BADINTER, Elisabeth. *XY. Sobre a identidade masculina*. Rio de Janeiro: Nova Fronteira, 1993.
BAKER, Robin. *Guerra de esperma*. Rio de Janeiro: Record, 1997.
BEAUVOIR. Simone. *Mulher desiludida*. São Paulo: Difel, 1968.
BEAUVOIR, Simone. *O segundo sexo*. Rio de Janeiro: Nova Fronteira, 1980.
BEAUVOIR, Simone. *A cerimônia do adeus*. Rio de Janeiro: Nova Fronteira, 1982.
BEAUVOIR, Simone. *Balanço final*. Rio de Janeiro: Nova Fronteira, 1982.
BEAUVOIR, Simone. *A força da idade*. Rio de Janeiro: Nova Fronteira, 1984.
BEAUVOIR, Simone. *A força das coisas*. Rio de Janeiro: Nova Fronteira, 1995.
BEAUVOIR. Simone. *Cartas a Nelson Algren: um amor transatlântico 1947-1964*. Rio de Janeiro: Nova Fronteira, 2000.
BÉJIN, André. O casamento extraconjugal dos dias de hoje. In *Sexualidades ocidentais*. São Paulo: Brasiliense, 1987.
BELTRÃO, Kaizôiwakami & CAMARANO, Ana Amélia. Características sociodemográficas da população idosa brasileira. *Revista Estudos Feministas,* vol. 5, nº 1, IFCS-UFRJ, 1997: 106-19.
BERQUÓ, Elza. A família no século XXI. *Ciência Hoje,* vol. 10, nº 58, out.1989: 58-65.
BERQUÓ, Elza. Arranjos familiares no Brasil: uma visão demográfica. In *História da vida privada no Brasil: contrastes da intimidade contemporânea*. São Paulo: Companhia das Letras, 1998.
BOURDIEU, Pierre. *A dominação masculina*. Rio de Janeiro: Bertrand Brasil, 1999.

CLASTRES, Pierre. *A sociedade contra o Estado*. São Paulo: Cosac & Naify, 2003.

DAMATTA, Roberto. *A casa & a rua*. Rio de Janeiro: Rocco, 1997.

FOUCAULT, Michel. *História da sexualidade 1: a vontade de saber*. Rio de Janeiro: Graal, 1988.

GABEIRA, Fernando. Machismo. In *Macho, masculino, homem*. Porto Alegre: L&PM, 1986.

GOLDENBERG, Mirian. *Nicarágua, Nicaraguita: um povo em armas constrói a democracia*. Rio de Janeiro: Revan, 1987.

GOLDENBERG, Mirian. *De perto ninguém é normal*. Rio de Janeiro: Record, 2004.

GOLDENBERG, Mirian. *Coroas: corpo, envelhecimento, casamento, infidelidade*. Rio de Janeiro: Record, 2008.

GOLDENBERG, Mirian. *A Outra: a amante do homem casado*. Rio de Janeiro: BestBolso, 2009.

FREYRE, Gilberto. *Casa grande & senzala*. Rio de Janeiro: Record, 2002.

LIPOVETSKY, Gilles. *A terceira mulher*. São Paulo: Companhia das Letras, 2000.

MURARO, Rose Marie. *Sexualidade da mulher brasileira: corpo e classe social no Brasil*. Rio de Janeiro: Vozes, 1983.

OLIVEIRA, Maria Coleta. A família brasileira no limiar do ano 2000. *Revista Estudos Feministas*, vol. 4, nº 1, IFCS-UFRJ, 1996: 55-63.

POPE, Harrison; PHILLIPS, Katharine; OLIVARDIA, Roberto. *O complexo de Adônis*. Rio de Janeiro: Campus, 2000.

VERISSIMO, Luis Fernando. *As mentiras que os homens contam*. Rio de Janeiro: Objetiva, 2000.

VON DER WEID, Olivia. Troca de casais: gênero e sexualidade nos novos arranjos conjugais. In *O corpo como capital*. São Paulo: Estação das Letras e Cores, 2007.

EDIÇÕES BESTBOLSO
Alguns títulos publicados

1. *Caetés*, Graciliano Ramos
2. *Riacho doce*, José Lins do Rego
3. *Nova reunião* (3 volumes), Carlos Drummond de Andrade
4. *O Lobo da Estepe*, Hermann Hesse
5. *O jogo das contas de vidro*, Hermann Hesse
6. *O pianista*, Władisław Szpilman
7. *O império do Sol*, J. G. Ballard
8. *A lista de Schindler*, Thomas Keneally
9. *50 crônicas escolhidas*, Rubem Braga
10. *35 noites de paixão*, Dalton Trevisan
11. *Essa terra*, Antônio Torres
12. *O dia em que matei meu pai*, Mario Sabino
13. *Getúlio*, Juremir Machado da Silva
14. *Jovens polacas*, Esther Largman
15. *Os delírios de consumo de Becky Bloom*, Sophie Kinsella
16. *O diário de Bridget Jones,* Helen Fielding
17. *Sex and the city*, Candace Bushnell
18. *Melancia*, Marian Keyes
19. *O pêndulo de Foucault*, Umberto Eco
20. *Baudolino*, Umberto Eco
21. *A bicicleta azul*, Régine Deforges
22. *Lendo Lolita em Teerã*, Azar Nafisi
23. *Uma mente brilhante*, Sylvia Nasar
24. *As seis mulheres de Henrique VIII*, Antonia Fraser
25. *Toda mulher é meio Leila Diniz*, Mirian Goldenberg
26. *A outra*, Mirian Goldenberg
27. *O livreiro de Cabul*, Åsne Seierstad
28. *Paula*, Isabel Allende
29. *Por amor à Índia*, Catherine Clément
30. *A valsa inacabada*, Catherine Clément

EDIÇÕES
BestBolso

Este livro foi composto na tipologia Minion, em
corpo 10,5/13, e impresso em papel off-set 56g/m² no Sistema
Cameron da Divisão Gráfica da Distribuidora Record.